# MENTES PIXELADAS

## Los videojuegos clásicos desde la filosofía y la psicología

**Pablo José Navarro García**
**Juan Miguel Navarro García**

HÉROES
DE PAPEL

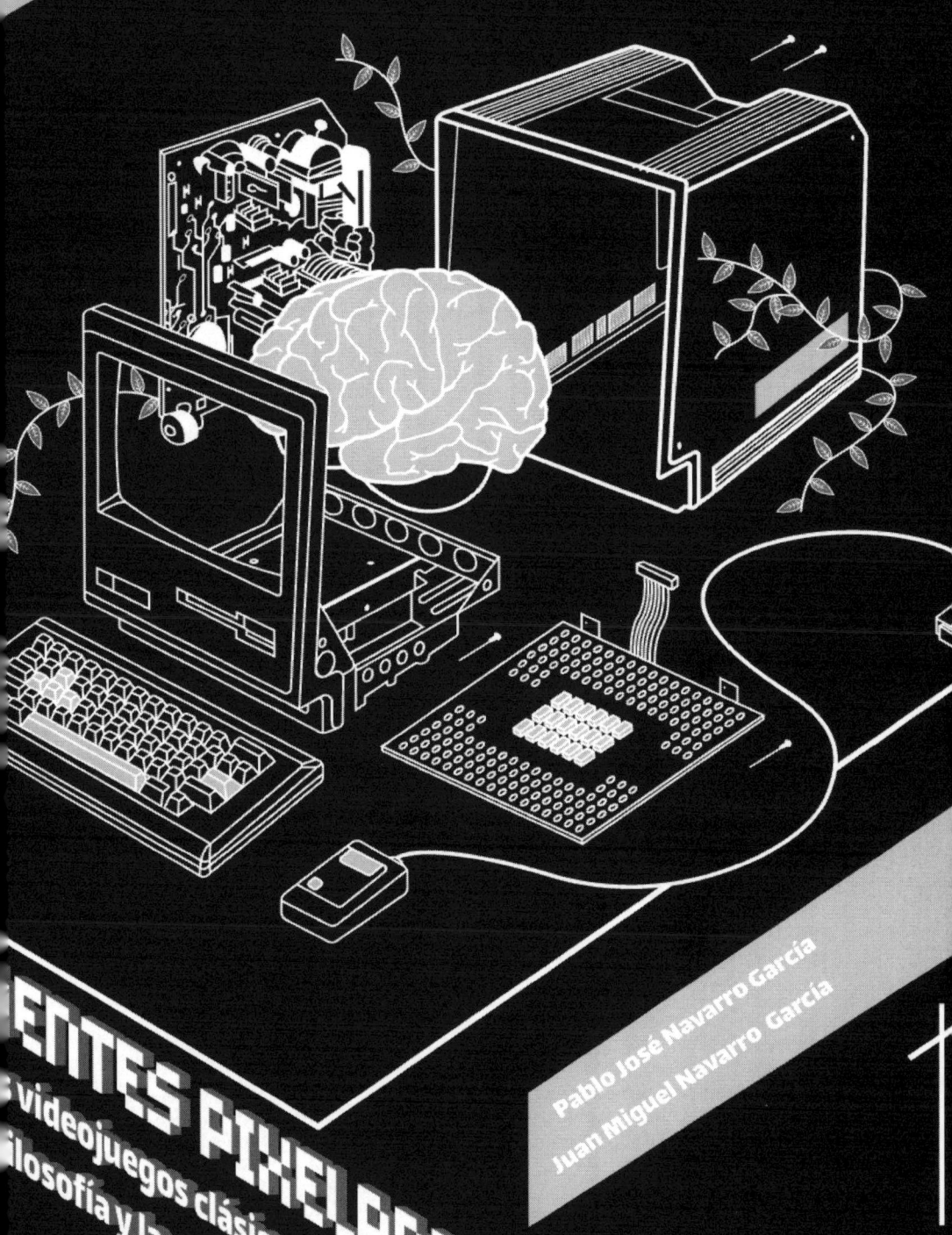

# ENTES PIXELADAS

## videojuegos clásicos desde la filosofía y la psicología

Pablo José Navarro García

Juan Miguel Navarro García

HÉROES DE PAPEL

*Mentes pixeladas - Los videojuegos clásicos desde la filosofía y la psicología*
Primera edición: 2024
ISBN: 978-84-19084-80-4
Depósito legal:

©2024 Ediciones Héroes de Papel, S.L.,
sobre la presente edición
P.I. PIBO. Avda. Camas, 1-3. Local 14.
41110 Bollullos de la Mitación (Sevilla)

Autor: Pablo José Navarro García y Juan Miguel Navarro García
Edición: Ricardo Martínez Cantudo
Diseño y maquetación: Victor Fullaondo Izquierdo
Corrección: Isaac López Redondo y Daniel García Raso

# ÍNDICE

— INTRODUCCION: USOS Y ABUSOS DE LA NOSTALGIA    11

— EL DESPERTAR DE LA IMAGINACION: YARS'
REVENGE Y EL PODER DE LAS ILUSTRACIONES    23

— GAME OVER COLECTIVO: TERAPIA LUDICA Y
HEURISTICA DEL MIEDO EN MISSILE COMMAND    33

— EL CALDO DE PIXELES PRIMIGENIO:PHOENIX Y LA
EVOLUCIONDE LOS SHOOTERS ESPACIALES    43

— UNA DRACOMAQUIAMINIMALISTA: ADVENTURE Y
EL NACIMIENTODE UN GENERO    57

— DEL HORROR Y SUS BENEFICIOS: CASTLEVANIA Y
EL MONSTRUO    69

— OBSESION Y VENGANZA EN TRANSILVANIA:
CASTLEVANIA II.UNA SECUELA ATIPICA    83

— APUNTAR. CLICAR. REIR: LOS MECANISMOS DEL
HUMOR EN MANIAC MANSION    93

—EL MIEDO A HYRULE: THE LEGEND OF ZELDA Y LA LIBERTAD — 103

—ERASE UNA VEZ... LA PRIMERA AVENTURA (REALMENTE) GRAFICA: LOS CUENTOS DE HADAS DE KING'S QUEST I Y II — 111

—HORRORES COSMICOS: ALONE IN THE DARK Y LA LARGA SOMBRA DE LOVECRAFT — 125

—EL VIAJE DEL HEROE: THE LEGEND OF ZELDA, A LINK TO THE PAST Y EL MONOMITO — 137

—EL APOGEO DE LAS DOS DIMENSIONES: SUPER METROID Y LAS HEROINAS DE VIDEOJUEGO — 155

—MISTERIO Y VIDEOJUEGOS: EARTHBOUND, UN RPG SOBRENATURAL — 163

—A MODO DE DESPEDIDA — 178

—REFERENCIAS DOCUMENTALES — 180

# INTRODUCCION: USOS Y ABUSOS DE LA NOSTALGIA

La nostalgia es traicionera. Es capaz de nublar el entendimiento aunando alegría y tristeza ante estímulos que hacen presente un pasado mejor. Es fácil ser presa de su encanto agridulce. Posee, no obstante, una contraparte oscura: distorsiona la realidad recordada y, a menudo, esconde miedo al cambio e incapacidad de adaptación ante lo nuevo. Cualquier persona mínimamente documentada sabe que aquello de que *todo tiempo pasado fue mejor* no es cierto en prácticamente ningún ámbito de la historia. La nostalgia es un sentimiento que tiene sus peligros y que, por tanto, debe administrarse con cuentagotas, buscando su justa medida. Especialmente en el ámbito que nos atañe, el del videojuego *retro*.

Debe tenerse en cuenta también que el producto cultural heterogéneo que conocemos como videojuego depende en su desarrollo, como ningún otro, del estado de la tecnología existente en su momento y de la influencia de las tendencias, gustos y referentes que le son contemporáneos. Teniendo esto en cuenta, la dicotomía «juegos retro buenos» versus «juegos modernos malos» es totalmente inadecuada, inútil y reduccionista. La historia de los videojuegos es generosa y diversa en todas sus etapas y no admite simplificaciones de esta naturaleza.

Sin embargo, y habiendo aclarado lo anterior, es inevitable pararse a pensar en una particularidad histórica. Se constata a lo largo de la década pasada y de la presente, un notable incremento en el número de *gamers* que optan por dedicar cada vez más tiempo a los videojuegos *retro*, en detrimento de los contemporáneos. Ya no hablamos solo de la proliferación de juegos, consolas y parafernalia *vintage* entre determinados grupos de población, siempre atentos a las nuevas tendencias, sino de jugadores veteranos y curtidos en mil batallas, que terminan volviendo a sus títulos de 8 y 16 bits. Esto se observa también en otros grupos de edad, como los adolescentes, gracias a la mayor disponibilidad de emuladores.

Como suele pasar con cualquier tendencia en psicología social, el fenómeno está sobredeterminado: no admite una única explicación, sino que es el resultado de un conjunto de factores. No obedece exclusivamente a una moda ni a la nostalgia en la línea de «los de antes sí que eran videojuegos». Algo tiene que estar sucediendo para que tantas personas de diversa edad y procedencia den, conscientemente, un salto hacia atrás tan significativo en plena era de la información y comunicación; salto que se puede efectuar de varias maneras, como a través de la disponibilidad de juegos vintage en la biblioteca de la mayoría de consolas actuales, o bien disfrutando de juegos contemporáneos con mecánicas clásicas y gráficos pixelados.

Todo lo anterior evidencia un auténtico redescubrimiento de aquellos grandes títulos que originaron una industria (y una nueva forma de arte) por parte de una generación que no vivió aquella mágica época, así como una revisita de estos clásicos por parte de los que sí la vivimos. A esos clásicos y a todo aquello que hemos aprendido rejugándolos está dedicado este libro.

## CARACTERISTICAS ESPECIFICAS DEL VIDEOJUEGO CLASICO

El concepto de *retro* es amplio, impreciso y flexible. En el caso del videojuego, por lo menos tal como lo entendemos nosotros aquí, se refiere al conjunto de obras que aparecieron entre el nacimiento de la industria y el advenimiento del paradigma 3D en la segunda mitad de los noventa. El videojuego *retro* posee una serie de características que lo diferencian claramente de los juegos de generaciones posteriores como son: la inmediatez de su experiencia lúdica, la completud intrínseca del producto, la amplia diversidad temática y de mecánicas, el tipo de evasión obtenida y su alta dificultad al jugar, entre otras. Un conjunto de aciertos que mantienen a los clásicos del sector siempre jóvenes y los dotan de aquella autenticidad inconfundible que el elaborado videojuego contemporáneo no siempre sabe alcanzar.

La inmediatez de la experiencia lúdica de los primeros videojuegos (poner el cartucho y simplemente jugar) contrasta con el compromiso de un mínimo de dedicación temporal (que no todo el mundo puede o quiere permitirse) que exigen los tutoriales iniciales de buena parte de las grandes franquicias contemporáneas. Hay que admitir que, salvo excepciones, los clásicos retro ofrecen un juego que se explica a sí mismo de manera intuitiva y ofrece entretenimiento inmediato y de fácil acceso.

A no pocos *gamers* les ha pasado que después de un período de desconexión con los videojuegos de su niñez, enfrentarse por primera vez a los mandos de las consolas actuales les plantea un reto mayúsculo. Eventualmente se termina dominándolos (y disfrutándolos), pero hay que admitir que no son para todo el mundo. En contraste, la primera edad de oro de los videojuegos se manifestó a través de la simplicidad de una palanca y un botón. Y la segunda, a partir de 1985-1986 y la llegada de la Famicom-NES, ¡con una cruceta y dos botones!

Otro factor de contraste existente entre los primeros videojuegos con los actuales es la existencia de Internet y, más específicamente, cómo las grandes empresas del sector la han vehiculado. Con la posibilidad de jugar online, el videojugador pasó paulatinamente de ser un consumidor esporádico a ser un consumidor potencialmente esclavo, y como tal lo trata la industria: compras incluidas en el juego, entregas que hay que adquirir por capítulos, necesidad de frecuentes parches y actualizaciones para que el juego funcione correctamente, y así un largo etcétera. Pero hasta hace no demasiado, cuando uno compraba un videojuego, adquiría una experiencia lúdica completa. Esto es: un título acabado, en su versión definitiva, completamente diseñado y testado minuciosamente antes de salir al mercado. Daría la impresión de que, en la época de los 8 y 16 bits, la industria buscaba impresionar y fidelizar al jugador que compraba el título desde la autosuficiencia de la obra ofrecida, más que utilizarlo como probador de una versión beta, operario de control de calidad y/o cliente perpetuo.

La variedad de temáticas y mecánicas presentes en los juegos veteranos y menos presentes en la actualidad, presenta otro punto de contraste. En un período de tiempo relativamente breve, un puñado de programadores ostentó un derroche de imaginación que creó toda una nueva industria y generó, se dice pronto, un nuevo arte.

Hablamos de la abrupta irrupción en el imaginario humano de fontaneros que combaten tortugas en oscuras alcantarillas; caballeros que hacen justas a lomos de avestruces voladoras; personajes circulares con una evidente adicción a las pastillas que son perseguidos por fantasmas en interminables laberintos; exterminadores de plagas que se dedican a desmembrar y destruir indefensos ciempiés; jóvenes culturistas que resuelven sus diferencias con los punkis del barrio a mamporros; pandillas de niños con poderes paranormales que deben salvar al mundo de un peligro extraterrestre; ninjas que juegan al golf y entre hoyo y hoyo combaten enemigos imposibles (poco se habla de Ninja Golf, publicado en 1990 para la Atari 7800); simuladores de todo tipo de nave, coche, helicóptero o submarino imaginable; deportes varios; actividades difíciles de clasificar como el combate de sumo, la tirada de las cartas del tarot o la lidia del toro y toda forma posible de héroe salvando a princesa y de caballero matando a dragón.

Todas estas temáticas, personajes y mecánicas (y muchas más que nos dejamos en el tintero), abrieron un mundo nuevo de límites inabarcables. El abanico de posibilidades por el que un videojuego podía desarrollarse por entonces venía cargado de mayor atrevimiento, libertad e innovación que en la actualidad. Los tropos que vertebraban los títulos del sector han disminuido significativamente, cierta ingenuidad se ha perdido por el camino y según indican los datos de venta y descarga actuales, el deporte rey, los simuladores de guerra y los first-person shooters copan mayoritariamente el consumo, antaño más repartido entre propuestas más imaginativas.

En estrecha relación con esta característica está la mayor capacidad de evasión que ofrece un videojuego cuyo tema difiera de la guerra o el fútbol, imágenes demasiado presentes, demasiado reales, demasiado parecidas al contenido del telediario. Para muchos, jugar es evadirse de la realidad, un pequeño acto de escapismo mental hacia un mundo diferente. Muchos clásicos cumplen a la perfección la función de puerta a otra dimensión que le pedimos a aquello que nos pueda evadir y entretener un rato.

La dificultad es otra característica de los videojuegos que ha variado con el tiempo; muchos jugadores actuales encontrarán inaceptable el nivel de dificultad de ciertos clásicos. Y es que solo el retrogamer empedernido entiende y valora plenamente la satisfacción de completar, con su propio tiempo, recursos y dolores de cabeza, un título largo y difícil de la vieja escuela. Así como cierta sensación de vacío posterior a retirar el cartucho de la consola, como la que se experimenta al acabar un libro que te ha enganchado durante semanas y devolverlo a la estantería.

No se puede pasar por alto una de las características principales de muchos videojuegos retro: la posibilidad de jugar con amigos en la misma sala o habitación, interactuando todos de manera lúdica e inmediata en el mismo espacio físico. Como se han jugado, por ejemplo, los juegos de mesa de toda la vida.

Vaya por delante que el hecho de aislarse de todo contacto social suele ser síntoma de un posible problema de salud mental y como tal depende de diversos factores. Pero también es cierto que si se comparan fenómenos actuales como el de los hikikomori japoneses (jóvenes que no salen —literalmente— de su habitación y pasan sus horas en la realidad alternativa que les ofrecen los multiplayer online y las redes sociales) con aquel tiempo en que los amigos y amigas quedaban en casa de alguno con «la Atari» o «la Nintendo» para irse turnando los mandos y cooperar para terminar un juego largo, o simplemente disfrutar compitiendo entre ellos en videojuegos de deportes o combate, la diferencia en términos de prevención de trastornos o adquisición de habilidades sociales, por ejemplo, da mucho que pensar.

Y es que el *retrogamer* por lo normal afronta los retos individualmente, pero cuando juega en grupo la compañía es real, concreta y palpable. Jugar *online* junto a personas de todo el mundo también tiene su atractivo e interés, evidentemente. Dependerá de qué tipo de compañía preferimos al jugar, y no son opciones mutuamente excluyentes. Los autores del libro de momento preferimos quedar físicamente a echar unas partidas y miramos con cierta sospecha la atomización social a la que tiende el espacio *online* ligado a muchos videojuegos contemporáneos.

Y para terminar este recorrido por las características propias de los videojuegos clásicos, cabe mencionar un último aspecto. Cualquier amante de la música hará una encendida defensa del vinilo (o incluso del CD) esgrimiendo, entre otros motivos, el cuidado puesto en su diseño, la calidad y arte de sus portadas y la información contenida en sus librillos, en comparación a lo que ofrece cualquier archivo mp3 descargado o escuchado en streaming. Si se extrapola al mundo de los videojuegos (sobre todo si se recuerda vívidamente la fascinación que causaban esas portadas ilustradas a todo color, el olor de los cartuchos nuevos y la contextualización que brindaban los manuales), la analogía se entiende perfectamente.

Más allá de lo anterior, que es un placer compartido en el fondo por muchos lectores, cinéfilos, melómanos o coleccionistas en general, debe admitirse el atractivo de poseer físicamente un objeto con peso y medidas que se puede usar cuando se desea, con independencia de que funcione o no el wifi.

## NO TODO EL MONTE ES OREGANO

Para la generación que crecimos paralelamente a la historia de los videojuegos, el conocimiento de los títulos hoy clásicos se dio de manera gradual y fragmentada. Se poseían un puñado de juegos propios y para jugar títulos diferentes se intercambiaban los cartuchos con compañeros de la escuela o del instituto, con vecinos, o se alquilaban en el videoclub. Conocíamos de memoria los juegos propios; los exprimíamos hasta el aburrimiento e incluso intentábamos que nos gustara aquel título que no había por dónde cogerlo, porque era el que teníamos y no había más.

En contraste con la cruel escasez de nuestra infancia (y posiblemente a causa de esta), existe una superabundancia anonadante para el *retrogamer* contemporáneo. Como es bien sabido, por medio de cualquier emulador hoy en día podemos disponer de los catálogos completos de todas las primeras generaciones de consolas (Atari 2600, NES, Master System, SNES, Megadrive, MSX, etc). Pero tras una primera temporada de euforia asociada a la emoción de tener a disposición un tesoro (inimaginable en nuestra infancia) que nos impulsa a probarlos todos, caemos en la cuenta de que con la sobreabundancia nos ocurre lo mismo que a menudo pasa con las plataformas digitales de series y películas: no sabemos qué elegir. Abrimos un juego y lo cerramos aunque nos lo estemos pasando bien con él porque inevitablemente pensamos que no estamos jugando a otro mejor que tenemos a nuestro alcance y vamos en su busca... Y así pasamos el tiempo probando juegos sin profundizar en ninguno. Descubrimos también que son muchos los juegos que han envejecido mal y que títulos que recordábamos con cariño no cumplen las expectativas: nos gustaban porque los teníamos, pero no los teníamos porque nos gustaran. Vale la pena investigar y elegir si se quiere jugar satisfactoriamente dentro del marco temporal que nos atañe.

La oferta de información relacionada a estos juegos es también, hoy en día, abundante. Hay excelentes historias de los videojuegos, recopilatorios nostálgicos, monográficos dedicados a programadores, empresas, títulos y sagas emblemáticas, estudios técnicos de gran calidad y recopilatorios de críticas y artículos de publicaciones de la época. Sin embargo, siempre hemos echado en falta, dentro de la bibliografía dedicada al sector, algún libro que abordara el estudio de estos videojuegos desde un enfoque relacionado con las ciencias humanas: un acercamiento estético, psicológico, sociológico y filosófico que plantee preguntas diferentes e interpele desde otro punto de vista a estos clásicos. Y al no encontrarlo, hemos decidido escribir el libro que nos hubiera gustado leer.

## JUGAR EN SERIO

Partimos de la premisa de considerar los videojuegos como una manifestación artística, si bien popular, no por eso menospreciable. Un arte diferente que exige la interacción y la voluntad del espectador. Un arte incomparable y un producto de entretenimiento que ha llegado para quedarse. Pero así como la pintura, la fotografía, el cine o la literatura reciben la atención del mundo académico y de la ciencias humanas generando ríos de tinta en torno a estas artes, el mundo de los videojuegos ha sido tradicionalmente vetado y no se lo ha considerado parte de la Cultura con mayúsculas. No obstante, pueden sentirse vientos de cambio.

Proponemos contribuir a este cambio de postura con una serie de textos que se acerquen a los videojuegos clásicos utilizando las herramientas que ofrecen la psicología y la filosofía (ámbito de formación de los autores), realizando una panorámica atípica del mundo del videojuego clásico.

## MODUS OPERANDI

Operaremos a partir de los siguientes principios:

-Se hará una selección representativa de videojuegos pertenecientes a la primera, segunda y tercera generación de consolas (máquinas *arcade*, Atari 2600, NES, SNES y la primera etapa de los PC Ms-DOS), si bien el criterio último que regirá la elección será la calidad del título. Limitaremos el terreno a explorar entre los hitos temporales que marcan dos títulos conocidos por todos: *Pong* (1972) y *The Legend of Zelda: Ocarina of time* (1998). No incluiremos juegos de otras plataformas o consolas por acotar el margen de estudio al ámbito en el que tenemos mayor conocimiento; llevamos decenios jugando a estas consolas, preferimos partir de lo que conocemos mejor sin descartar futuras exploraciones.

-Los videojuegos del listado se jugarán de principio a fin y en orden cronológico (exceptuando los de carácter cíclico, que técnicamente no tienen final). No se abordará, en ningún caso, el siguiente juego de la lista sin antes haber completado el anterior.

-Siempre que sea posible, se jugará en la consola original y con el cartucho original. De no ser posible por no poseerse el cartucho correspondiente, se recurrirá a la mejor emulación posible. Lógicamente es preferible la experiencia original de la consola real a la emulación, pero no poseer el videojuego original no es motivo hoy en día para no disfrutar de aquellos grandes clásicos. En todo caso se evitará el plasma y se preferirá la vieja tele de tubo (la tecnología de interlineado y la luz de tungsteno propias de los televisores VCR juega a favor del apartado gráfico de estos títulos que, al fin y al cabo, fueron diseñados para ese tipo de teles).

-Abrir la caja de cartón del videojuego, contemplar su portada y leer el manual formarán parte de la experiencia. De no poseerse estos elementos (lo que tristemente es así en la mayoría de los casos por una cuestión económica), se consultarán en la red.

-Los títulos serán analizados a partir de la vivencia de jugarlos. Se prescindirá de cuestiones técnicas y del anecdotario asociado a la historia de los videojuegos salvo en casos en que los que sea inevitable.

-El estudio se centrará en un análisis psicológico y filosófico en torno al juego en sí, poniendo a dialogar el título correspondiente con nuestros autores de referencia en estas disciplinas.

-Cada juego analizado deberá ser completado en su totalidad, sin trampas ni cartón. Jugaremos en serio.

## NUESTROS IMPRESCINDIBLES

Tras mucho deambular de *rom* en *rom*, de flor en flor, de bit en bit, cual colibrís pixelados, proponemos nuestra lista de videojuegos como un reto lúdico e intelectual que quisiéramos proponer y compartir con el lector. En esta lista, el *retrogamer* puede encontrar una guía que le salve de los peligros del sector: la engañosa nostalgia y la paralizante sobreabundancia. No es una selección objetiva ni pretende serlo, la lista responde al criterio mencionado en el punto número 1 y busca simplemente ser el hilo conductor de una serie de reflexiones. En todo caso, está teñida de nuestros gustos personales, circunstancia inevitable. Seguramente dejamos fuera algún título imprescindible según los criterios de otros jugadores, pero nadie que conozca la época que abarcamos podrá argumentar que sobra ninguno de los que proponemos.

Sin que necesariamente posean un capítulo propio, y en orden cronológico, el listado de títulos jugados es el siguiente:

1   *Pong* (Atari, 1972).
2   *Breakout* (Atari, 1976).
3   *Space Invaders* (Taito, 1978).

4   *Adventure* (Atari Inc, 1979).

5   *Asteroids* (Atari, 1979).

6   *Galaxian* (Namco, 1979).

7   *Phoenix* (Amstar Electronics, 1980).

8   *Missile Command* (Atari Inc, 1980).

9   *Defender* (Williams Electronics, 1981).

10  *Yars' Revenge* (Atari Inc, 1982).

11  *King's Quest* (Sierra On-Line Inc, 1984).

12  *King's Quest II* (Sierra On-Line Inc, 1985).

13  *The Legend of Zelda* (Nintendo, 1986).

14  *Castlevania* (Konami, 1986).

15  *Castlevania II: Simon's Quest -sí, el dos-* (Konami, 1987).

16  *Maniac Mansion* (Lucasfilm Games, 1988).

17  *The Legend of Zelda: A Link to the Past* (Nintendo, 1991).

18  *Alone in the Dark* (Infogrames, 1992).

19  *Earthbound. Mother 2: Giygas Strikes Back* (Ape Inc, 1994).

20  *Super Metroid* (Nintendo, 1994).


Si eres un *retrogamer* avezado, te invitamos a revisitar estos clásicos bajo un prisma diferente y poco habitual en el sector: el de su diálogo con las ciencias humanas. Si no conoces estos videojuegos por motivos generacionales, te envidiamos. Estás a punto de descubrir el período más interesante de la historia de los videojuegos y nos sentimos honrados de ser tus guías.

**¡Que comience la partida!**

TÍTULO ORIGINAL: YARS' REVENGE.

DESARROLLADOR: ATARI INC.

PAÍS: USA

LANZAMIENTO: 1982, PARA LA ATARI 2600 (USA)

GÉNERO: ACCIÓN, SHOOTER

TEMÁTICA: ESPACIAL, CIENCIA FICCIÓN

PROGRAMADOR: HOWARD SCOTT WARSHAW

ILUSTRADORES: HIRO KIMURA (CAJA Y CARTUCHO) Y FRANK CIROCCO (MANUAL Y CÓMIC)

# 1. EL DESPERTAR DE LA IMAGINACION: YARS' REVENGE Y EL PODER DE LAS ILUSTRACIONES

En este clásico para el Video Computer System (VCS) de Atari, el jugador controla a un guerrero espacial yar (raza extraterrestre descendiente de la mosca común; sin comentarios...) en su lucha a muerte contra la amenaza qotile, que con sus bases láser acaba de destruir Razak, uno de los tres planetas donde habitan pacíficamente los yar. La única manera de conseguir la ansiada venganza y acabar con las bases qotile, protegidas por barreras de células de energía y misiles que siguen al jugador por toda la pantalla, es la de producir una abertura en su escudo protector (disparando o *comiendo* trozos de la barrera) con la finalidad de apuntar y disparar el arma en que los yar depositan su última esperanza: el cañón interplanetario Zorlon. Un impacto directo del cañón sobre el enemigo produce su inmediata destrucción y la salvación de la civilización yar. Por lo menos, hasta que cambie la pantalla y nuestro guerrero insectoide haga frente a un nuevo (y más difícil de vencer) qotile, y luego a otro, y a otro, y así sucesivamente.

## UNA JOYA OLVIDADA

*Yars' Revenge* proviene originalmente de la compra de derechos sobre *Star Castle* (Cinematronics, 1980), un popular *arcade* en que el jugador también se encontraba ante una serie de barreras móviles de energía que debía ir mermando con sus disparos para poder eliminar al enemigo parapetado tras ellas. El programador que recibió el encargo de crear una versión doméstica para la Atari 2600, Howard Scott Warshaw (el mismo que después estaría a cargo del controvertido *ET*[1]), entendió inmediatamente que las limitaciones técnicas de la consola imponían una simplificación de la premisa del juego original. Es así que se va gestando una nueva pantalla principal con elementos simplificados, y se empieza a trabajar en un nuevo título y argumento. Para explicar y fundamentar la historia tras la acción, además de las llamativas ilustraciones de la caja y las explicaciones del manual, Atari optó por incluir un minicómic con cada cartucho: *The Qotile Ultimatum*[2], en el que se detallan los orígenes de la próspera y pacífica raza yar, así como la historia de la agresión qotile y la estrategia necesaria para vencerla.

El juego incluye también un *easter egg* (literalmente, «huevo de pascua»: un elemento escondido en alguna de las pantallas del juego) con las iniciales de su programador jefe (HSW), del derecho y del revés, dando al mismo tiempo una pista sobre cómo interpretar los nombres encontrados en el manual (*Yar* y *Razak*, como inversiones de Ray Kassar, nombre y apellido del director ejecutivo de Atari en la época).

Si bien *Yars' Revenge* comenzó teniendo críticas más bien mediocres por parte de la prensa especializada de la época (en parte como un efecto colateral de la terrible recepción que tuvo la conversión de *Pac Man* para la Atari 2600, cuya salida al mercado se había producido pocos meses antes)[3], el juego tuvo un éxito

---

1    Considerado por muchos algo así como «el peor juego de la historia», en nuestra opinión tal valoración es algo injusta y arbitraria. Sin que tampoco lo califiquemos como «muy bueno», claro.

2    Shafer, H. y Cirocco, F. (1982). The Qotile Ultimatum, Atari Inc. https://www.atariage.com/comics/comic_thumbs.html?MagazineID=48

3    Sin autor (5 de abril de 2017). Pac-Man, Electronic Games Magazine and the exact moment Atari lost the videogame war.http://www.8bitrocket.com/2017/04/05/pac-man-electronic-games-magazine-and-the-exact-moment-atari-lost-the-video-game-war/

instantáneo entre el público y acabó siendo no solo un clásico de la marca y la consola, sino también el título más vendido de Atari Inc. para su VCS.

Tiene el valor añadido de haber sido creado directamente para la Atari 2600 (no es otra conversión de juegos de *arcade*, tan frecuentes en la consola mencionada), con una extensa campaña publicitaria, la realización de un cómic exclusivo, y así sucesivamente. Sin temor a exagerar, se lo podría calificar como uno de esos juegos paradigmáticos de Atari, de los años ochenta del siglo pasado y de la primera edad de oro de los videojuegos. Lo cierto es que *Yars' Revenge* es, en el fondo, una de esas gemas olvidadas del catálogo de la Atari 2600, a pesar de su carácter de superventas de la época.

Todo en *Yars' Revenge* nos resulta agradable a la vista, proporcionado y bien ubicado en el espacio. El diseño de los gráficos en general es un gran acierto: minimalista pero atractivo (especialmente el personaje del jugador, la mosca más entrañable del universo de los videojuegos). También destaca su uso inteligente (por contenido pero efectivo) de los colores, la tipografía de los números que aparecen en pantalla (icónicos del *sci-fi* ochentero) y las gloriosas explosiones multicolor y a toda pantalla. Los efectos sonoros son fácilmente reconocibles y están muy bien escogidos para las acciones que subrayan: la explosión de la base qotile, por ejemplo, es espectacular.

Si bien lo anterior es cierto, echamos en falta una mayor variedad de pantallas: la totalidad del juego transcurre en el mismo escenario, cambiando solo algunos aspectos del decorado (como la barrera que protege al enemigo), aunque aumentando la velocidad y dificultad de la acción.

Una de las primeras cosas que destacan al jugar *Yars' Revenge* es la disposición de los elementos en la pantalla. Se tiene la impresión de estar ante piezas dispuestas en un tablero de juego: pocos elementos, pero todos significativos y con sus particularidades y movimientos propios. Cada *sprite* en pantalla sigue diferentes patrones cíclicos, lo que hace que al maniobrar por el espacio haya que estar pendiente de varios factores y escoger el momento justo para actuar. Al cabo de poco tiempo, la sensación experimentada es la de estar lidiando con un juego de estrategia, no solo de habilidad y reflejos.

Un ejemplo de lo anterior sería la necesidad de cambiar de táctica en las oleadas impares (barrera maciza) respecto a cómo nos enfrentamos a las pares (barrera móvil), por el riesgo de acabar rebotando contra la barrera y el misil. O el recurso de poder *comer* trozos de la barrera, para preparar el cañón Zorlon y así apuntar de manera más precisa y segura.

No se puede evitar pensar en una especie de juego de mesa de estrategia (del tipo *Tomar la fortaleza* o *Capturar la bandera*) pero en pantalla y con temática espacial, lo cual otorga al título de Atari una mayor profundidad.

Los controles del *joystick* responden perfectamente a las acciones del jugador y su manejo se aprende de inmediato. Nuestro personaje es extraordinariamente maniobrable y capaz de diversas acciones, algo poco habitual en los juegos de Atari de inicios de los ochenta.

## YARS' REVENGE Y EL PALO-CABALLO

En el caso concreto de *Yars' Revenge,* los gráficos pixelados de principios de los ochenta no hacían mella en la capacidad del *gamer* para ponerse en la piel del guerrero espacial e imaginarse toda suerte de peligros. A ello contribuían los factores arriba mencionados. Otros juegos de la época también lograban excitar la imaginación, como *Haunted House* (Atari, 1982), que con muy poco creaba una atmósfera tétrica y una sensación de tensión en el jugador; o el mismo *Adventure* (Atari, 1979), que con un solo píxel como protagonista conseguía que quien jugara imaginara castillos, dragones y tesoros mágicos.

Sin embargo, la industria del videojuego era perfectamente consciente de que, enfrentado a las limitaciones técnicas de la Atari 2600, hasta el *gamer* más predispuesto necesitaba un impulso extra. Es así como empieza a extenderse en el seno de la industria la convicción en la importancia de estimular la imaginación del jugador.

En esa dirección, las ilustraciones de las cajas de los cartuchos para la Atari de finales de los setenta y comienzos de los ochenta funcionaban como potenciadores de la imaginación de quien jugaba. Motivaban a comprar el cartucho y a seguir jugándolo. Después, el reverso de la caja nos mostraba una captura de pantalla del juego con sus gráficos reales (en toda su gloria pixelada), pero la ilustración ya había hecho volar nuestra imaginación, ya nos había seducido para el juego. Las de *Yars' Revenge,* por ejemplo, son paradigmáticas de lo anterior.

La industria comienza, por lo tanto, a explotar el fenómeno. El cómic, el manual y el arte de sus ilustraciones contribuyen a despertar la imaginación del jugador: proporcionan contexto, historia y motivación.

Autores como Justo Navarro sugieren, refiriéndose al arte gráfico de los videojuegos de principios de los ochenta, la creación de «un nuevo arte: la invención de ficciones para revestir juegos»[4].

> **Fundamental en el mundo imaginario de los videojuegos, la publicidad (el envase, la caja del cartucho, el manual) fabricaba la ilusión de imitación de la realidad [...] Ayudaba al jugador a suplir con la imaginación las insuficiencias de los íconos geométricos bidimensionales que querían representar edificios y personajes tridimensionales[5].**

Según el autor, el arte gráfico que rodeaba a los videojuegos ayudaba al jugador a ver lo que tenía que imaginar después en pantalla (con gráficos que desde una mirada actual resultarían del todo rudimentarios); de ahí su gran importancia.

Con la llegada de nuevas tecnologías y la implantación definitiva de los juegos con perspectiva tridimensional (años noventa del siglo pasado), se produce el cambio de paradigma: los videojuegos tienden a situarse dentro de tramas narrativas más amplias que, a nivel gráfico, recuerdan a las películas. Se vuelven habituales los cortes cinemáticos entre pantallas o capítulos, donde el jugador deja de disparar y deviene espectador temporal de escenas que le sumergen en el universo particular del videojuego. Se pasa a buscar decididamente la inmersión del jugador en un detalladísimo entorno que imita a la cinematografía.

No hace falta ponerse a enumerar títulos contemporáneos (piénsese a continuación en cualquier *first-person shooter* para las Xbox o PS actuales) para convenir en su carácter explícito, hiperrealista y plagado de animaciones cinemáticas digitales que pretenden sobre todo la experiencia inmersiva del jugador, dejando en general muy poco sitio a la imaginación.

Ante tal cambio de tendencia (de imaginación a inmersión),

---

4    Navarro, J. (2017). El videojugador. A propósito de la máquina recreativa. Anagrama.

5    Ibidem, p. 44.

no se pueden dejar de recordar las aportaciones de diversos pensadores sobre la gran importancia de la imaginación para el desarrollo humano.

Sigmund Freud se interesó por la capacidad imaginativa al abordar el tema de la creación artística. Consideraba la imaginación uno de sus requisitos principales y un claro exponente del *proceso primario*: aquel funcionamiento mental inconsciente y preverbal que busca siempre la satisfacción de deseos e impulsos (en oposición al *proceso secundario*, discursivo y racional, imprescindible para lidiar con las exigencias de la realidad objetiva).

El padre del psicoanálisis afirma que a medida que los niños y niñas desarrollan una mayor autoconciencia como seres independientes del mundo, se observa una mayor tendencia a buscar la satisfacción en procesos internos y psíquicos. Esto ocurre como consecuencia de la comprensión de la diferencia entre el mundo interior y el mundo exterior. En otras palabras, durante la infancia aprendemos gradualmente a encontrar la satisfacción de nuestros deseos a través de la imaginación, en consonancia con el desarrollo del sentido de la realidad que nos permite comprender que lo que ocurre en nuestra imaginación no se corresponde necesariamente con lo que ocurre fuera, en el mundo real. La imaginación se utiliza entonces para la satisfacción de deseos que son difíciles de alcanzar en la realidad, como por ejemplo, en nuestro caso, librar batallas espaciales (aunque, conociéndolo, es posible que Freud pensara más bien en deseos de otra índole...).

En todo caso, el doctor vienés sugiere que el proceso de encontrar satisfacción en mundos creados con la imaginación se manifiesta tanto en el juego de los niños como en el fantasear de los adultos, y tiene una expresión *sublimada* en el arte, especialmente la poesía[6].

Desde la perspectiva de la psicología cognitiva, autores como Jean Piaget dan importancia a la imaginación en el desarrollo infantil, como parte y motivación de las conductas de exploración del entorno y para relacionar entre sí objetos y fenómenos; requisitos indispensables para que el intelecto del niño vaya superando hitos evolutivos y progrese adecuadamente por las diversas etapas de desarrollo cognitivo que propone el autor.

El autor suizo comprueba que antes de los dos años los niños ya son capaces de hacer juego imaginativo con objetos de su

---

6    Freud, S. (1907). El poeta y los sueños diurnos. En Obras Completas. RBA.

entorno, y que a los tres, los preescolares convierten las muñecas en personas imaginarias con voluntad independiente. Y es que, según Piaget, el niño adquiere el conocimiento del mundo social a través de la imitación y la ficción imaginativa[7].

Desde otros puntos de vista, historiadores de la cultura como Johan Huizinga también abordan el fenómeno. El autor acuña el término *Homo ludens* («el hombre que juega») por la importancia del fenómeno lúdico en el desarrollo humano en general. Llega a afirmar que la cultura humana brota del juego y en él se desarrolla. En tal proceso, la imaginación tiene un papel preponderante, ya que funciona como nexo entre la idea y el ser (la realización de la idea)[8].

Recalando ya en la posmodernidad y para ilustrar la relevancia de la imaginación y su expresión en los juegos *retro*, cabe volver al ensayo de Justo Navarro y su reivindicación de la importancia de querer ver; del papel insustituible de la imaginación para que se produzca el fenómeno del *palo-caballo*.

Hablando de juegos de Atari Inc. para su 2600 como *Superman* (1979), *Raiders of the Lost Ark* (1982) o *E. T. The Extra-Terrestrial* (1982), el autor señala cómo los primitivos gráficos del juego no se parecían a los protagonistas de las películas ni a las ilustraciones del cartucho:

> El jugador jugaba en la pantalla con Superman, Indiana Jones o ET como jugaría un niño con un caballo que es un palo [...] El palo caballo, el palo que al niño le sirve ahora de caballo porque ahora lo quiere ver como un caballo (un juego se basa en imaginarse las cosas) podría ser en otra situación, en otro juego, un cetro o una espada[9].

Tal salto de fe implicaba una actitud proactiva del jugador a la hora de imaginar a sus héroes donde la máquina mostraba solo gigantescos píxeles. En palabras del autor, había que creer para poder ver:

---

7    Piaget, J. (1947). Psicología de la Inteligencia. Psique.
8    Huizinga, J. (1938). Homo ludens. Emecé.
9    Navarro, J. (2017). El videojugador. A propósito de la máquina recreativa. Anagrama, p. 42.

El jugador tenía que recurrir a la fantasía para fundir el universo cinematográfico de la película Superman con el universo del juego Superman. Que un palo equivaliera a un caballo dependía de la imaginación del niño, del poder infantil de crear mundos ficticios[10].

Como se ha apuntado ya (y reconociendo lo emocionante que resulta quedarse boquiabierto ante un mundo ficticio tremendamente detallado y en alta resolución), uno no puede dejar de preguntarse si los jugadores de hoy en día, especialmente los más pequeños, no se están perdiendo una gran parte del inmenso placer de imaginar mundos cada vez que encienden la consola. Y con él, quién sabe si también una parte de su capacidad para ello.

---

10    Ibidem, p. 43.

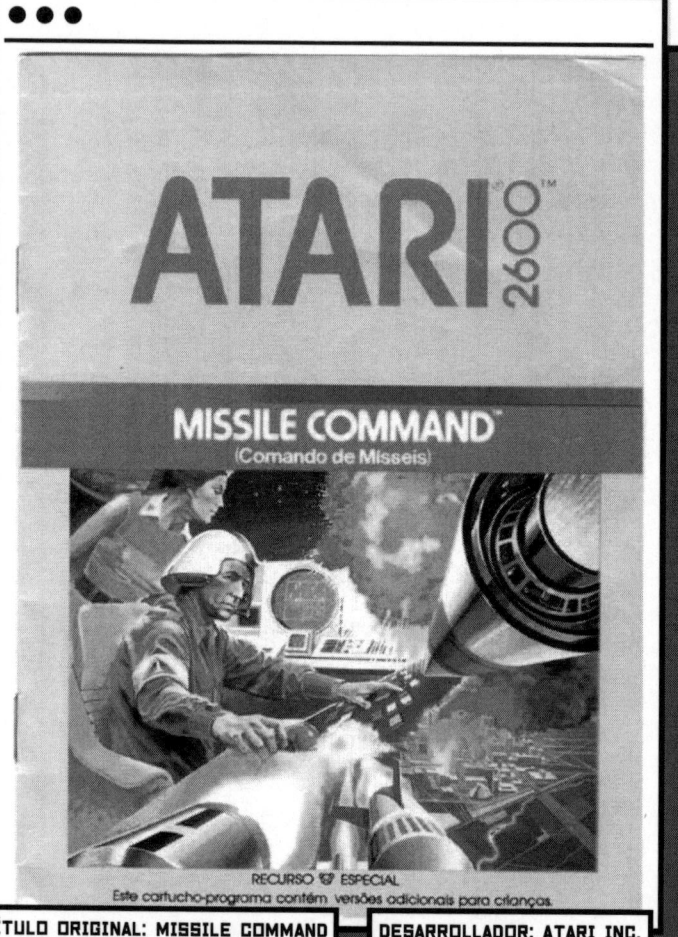

ATARI 2600

**MISSILE COMMAND™**
(Comando de Misseis)

RECURSO ☞ ESPECIAL
Este cartucho-programa contém versões adicionais para crianças.

**TÍTULO ORIGINAL: MISSILE COMMAND**

**DESARROLLADOR: ATARI INC.**

**PAÍS: USA**

**LANZAMIENTO: ARCADE: 1980 (USA)**
**ATARI 2600: 1981 (USA Y EUROPA)**

**PUBLICADO POR: ATARI INC.**

**DISEÑADOR JEFE: DAVE THEURERINC.**

**TEMÁTICA: ESPACIAL, BÉLICA**

**PROGRAMADOR (ATARI 2600): ROB FULOP**

**GÉNERO: ACCIÓN, SHOOTER**

# 2. GAME OVER COLECTIVO: TERAPIA LUDICA Y HEURISTICA DEL MIEDO EN MISSILE COMMAND

El jugador se encuentra al mando de una estación de misiles defensivos tierra-aire, con la única (pero para nada sencilla) misión de salvar de la destrucción total las seis ciudades a su cargo, sometidas a oleada tras oleada de ataques con misiles nucleares procedentes de un planeta enemigo. A medida que avanza el juego, el jugador se ve ante el dilema de agotar su munición intentando salvar todas las ciudades, o ser pragmático y concentrarse en salvar unas pocas.

Como es habitual en la mayoría de títulos de las primeras hornadas de juegos de Atari para su consola, los niveles se van sucediendo hasta que el jugador pierde todas sus vidas (en este caso, sus seis ciudades), por lo que no existe realmente la posibilidad de «ganar» el juego en el sentido de obtener una conclusión de la historia. Cuando la última ciudad del jugador es destruida, la pantalla se ilumina intermitentemente mientras una sonora explosión nos anuncia la destrucción final del planeta.

## A LOS MANDOS DE LA ESTACION: EL DESTINO DE SEIS CIUDADES EN UN JOYSTICK

*Missile Command* es, definitivamente, hijo de la Guerra Fría. El clima general de paranoia y desazón ante la inminencia de un ataque nuclear soviético impregnó muchas manifestaciones de la cultura popular norteamericana de la época: desde cómics y películas, hasta novelas y, por supuesto, videojuegos. El que nos ocupa en esta ocasión no es, en todo caso, nada sutil a la hora de representar dichos temores colectivos, presentando explícitamente y por primera vez en el ámbito de los videojuegos, una situación de apocalipsis nuclear.

Más allá del carácter rudimentario de la tecnología de la época, los gráficos del juego son minimalistas *a propósito*: tanto los misiles que caen sobre las ciudades del jugador, como las estelas que dejan en el cielo, pasando por el cursor que marca dónde dirigir el misil antibalístico son deliberadamente pequeños y sin ornamentos porque la precisión al calcular trayectorias y decidir el momento del disparo es la columna vertebral del juego.

Los sonidos son inmediatamente reconocibles y cumplen de sobra su función de corroborar las acciones realizadas y contribuir, además, a la experiencia de inmersión del jugador: las ciudades, por ejemplo, explotan de manera espectacular al ser impactadas y pueden ser un factor distractor en momentos críticos del juego.

Al igual que muchos títulos de la primera edad de oro de los videojuegos, *Missile Command* es, en el fondo, un ejercicio de orientación espacial, atención sostenida y toma de decisiones bajo presión. Lo que lo distingue de otros juegos de la época, además de su temática bélico-nuclear, es la fluidez de sus controles: bastan las cuatro direcciones del joystick y un uso preciso del botón para realizar, de manera intuitiva e inmediata, todas las acciones necesarias para librar a las ciudades del jugador de su destino radiactivo. Y tratándose de la versión doméstica de un juego de máquinas recreativas que contaba con un control táctil tipo *trackball* sumamente rápido y preciso, lo anterior tiene mucho mérito.

Cumpliendo el tópico de *fácil de aprender, difícil de dominar*, al probar *Missile Command* por primera vez el jugador pasa de familiarizarse inmediatamente con la mecánica del juego, a sufrir cada vez más para salvar sus ciudades transcurridos unos pocos niveles. A partir de ese punto, el equilibrio entre el uso de la munición (limitada en cada ronda) y la priorización realista de ciudades a ser preservadas, definirá la estrategia de juego particular de cada *gamer* ante este súper clásico de la Atari 2600.

## MISSILE COMMAND, GUERRA FRIA Y TERAPIA DE JUEGO

Como se ha mencionado ya, la elección de la temática bélica para el presente juego no es casual. En 1980, con la OTAN aún en *shock* por la invasión soviética de Afganistán, y después de la elección de Ronald Reagan como presidente de Estados Unidos y de Margaret Thatcher como primera ministra británica (poseedores ambos de una incendiaria retórica anticomunista y belicista), frente al inmovilista Leonid Brézhnev al mando de la URSS, el riesgo real de conflicto armado entre los dos bloques alcanzó cotas no vistas desde la crisis de los misiles en Cuba (1962). El miedo generalizado a un apocalipsis nuclear era el pan de cada día en Norteamérica: sobreabundancia de noticieros sensacionalistas, tertulias políticas catastrofistas, telepredicadores anunciando el fin de los días, simulacros de ataque nuclear en las oficinas y escuelas y así un largo etcétera, hasta marcar a toda una generación que creció bajo la sombra de una inmensa (y radiactiva) espada de Damocles. Esos temores colectivos se vieron plasmados en toda una serie de productos culturales de diverso formato, que no solo no esquivaron el mundo de los videojuegos, sino que tuvieron en *Missile Command* a uno de sus exponentes más populares.

Si bien los más escépticos podrían alegar que nada nuevo hay bajo el sol y que el *mainstream* cultural termina siempre asimilando esas manifestaciones (por espontáneas o rompedoras que parezcan) si ve en ello oportunidad de lucro, la verdad es que la inmensa carga emocional investida en el juego que nos ocupa estuvo presente desde el inicio de su gestación.

Conocida es, para los aficionados más acérrimos de *Missile Command* o de la Atari 2600 en general, la historia de su creador, Dave Theurer, quien al hacerse cargo de la programación del juego terminó obsesionándose con el mismo, llegando a tener pensamientos e imágenes intrusivas, pesadillas recurrentes y, en general, abundante sintomatología ansiosa.

Como refiere Alex Rubens en su artículo sobre la creación de *Missile Command*, en un primer momento de desarrollo las seis ciudades representadas en el juego no eran otras que San Francisco,

San Luis Obispo, Eureka, Santa Bárbara, Los Ángeles y San Diego, todas ellas ciudades importantes de California, estado en el cual se encontraban las oficinas de Atari[11]. Ello influyó, lógicamente, en la identificación del creador con el escenario de riesgo nuclear planteado. Sobre todo, en pleno recrudecimiento de la Guerra Fría y su inexorable carrera armamentístico-nuclear: las vívidas pesadillas de Theurer incluían siempre las estelas de los misiles balísticos soviéticos cayendo sobre su ciudad natal sin que pudiera hacer nada, salvo mirar.

Al cabo de seis meses de haber iniciado el proyecto, y a pesar del alto precio en términos de salud mental, Theurer terminó de programar la versión *arcade* del que sería uno de los primeros videojuegos en insertarse profundamente en la cultura popular occidental. No solo eso, sino que perfectamente podría decirse que del exorcismo particular de un atribulado programador de videojuegos, nació un eficaz instrumento para jugar con los propios miedos.

Y es que en el ámbito de la psicología infantojuvenil, el valor preventivo, diagnóstico y terapéutico del juego es bien conocido desde el primer tercio del siglo pasado. En su ensayo *Más allá del principio de placer*, Sigmund Freud observa el juego de un niño de año y medio de edad, que consiste en arrojar fuera de su cuna un carrete atado a un cordel, al tiempo que grita «fuera», para después hacerlo reaparecer gritando alegremente «aquí». Freud interpreta el juego del niño como un intento de dominar sus angustias frente a la separación temporal de la madre. Al jugar podía separarse de ella sin peligro de perderla, ya que el carrete volvía cuando él lo deseaba. Ese juego le permitía manifestar, sin peligro alguno, fantasías agresivas y amorosas con respecto a su madre, al ser él mismo quien dominaba la situación[12].

La idea que enfatiza Freud con respecto a este juego es que el niño podía pasar de una posición pasiva a una activa, con relación al suceso que lo preocupaba o que no podía tolerar. Esta línea de pensamiento inspiró a numerosos terapeutas para incorporar diversas técnicas de juego en consulta.

11    Rubens, A. (2013). The creation of Missile Command and the haunting of its creator, Dave Theurer.https://www.polygon.com/features/2013/8/15/4528228/missile-command-dave-theurer
12    Freud, S. (1920). Más allá del principio de placer. En Obras Completas. RBA.

Una de las principales pioneras al respecto, Melanie Klein, después de décadas implementando la terapia de juego en el psicoanálisis infantil, concluye categóricamente que al jugar los niños y niñas elaboran realidades dolorosas y dominan miedos primitivos, proyectándolos al exterior en los juegos y juguetes[13].

En décadas posteriores, autores como Donald Winnicott confirman que los niños juegan para controlar su ansiedad, o bien para controlar impulsos que causan ansiedad si no se elaboran y expresan lúdicamente. También recalca que los infantes al jugar comprueban que los impulsos agresivos pueden expresarse en un ambiente determinado (el espacio lúdico) sin sufrir represalias por ello[14].

En la misma línea (aunque desde la psicología cognitiva, más interesada en los procesos de pensamiento), diversos autores coinciden en considerar al juego como un comportamiento de simulación, que precisa ser interpretado de una manera no literal. Catherine Garvey, por ejemplo, afirma que el juego, para serlo, presupone la comprensión por parte de los jugadores de que aquello a lo que se juega no es lo que aparenta ser. Esto permite que, al jugar, las consecuencias impuestas por la realidad externa se eviten o amortigüen[15].

Y es que la utilización del juego favorece la creación de un clima seguro y, en cierto sentido, permisivo en el que puede experimentarse con conductas nuevas. Quien juega, se divierte probando cosas nuevas que posiblemente no haría fuera de la situación lúdica.

Lo anterior incluye no solo el juego con juguetes, tradicionalmente relacionado a la infancia, sino también los juegos con reglas (juegos sociales, de mesa, de tablero, interactivos). Terapeutas como Eleanor Irwing (1983) dejan claro que la situación de juego propicia la catarsis: la liberación de sentimientos, frustraciones y ansiedades en un entorno seguro, lo cual proporciona al jugador la oportunidad de exteriorizar sus preocupaciones y ponerlas en perspectiva. Según este enfoque, la utilización de un juego facilita que la ansiedad a ciertas situaciones pueda confrontarse y elaborarse. La autora cita, como ejemplo, trabajos que sugieren que el juego *Monopolio* (*Monopoly,* Hasbro)

13  Klein, M. (1932). El Psicoanálisis de Niños. Paidós.
14  Winnicott, D. (1971). Realidad y juego. Paidós.
15  Garvey, C. (1985). El Juego infantil. Morata.

facilita que los jugadores puedan lidiar con la ansiedad provocada por situaciones de dificultad económica, ayudándoles a adquirir dominio sobre tales sentimientos.

Para no profundizar en la extensa bibliografía sobre terapia de juego, baste con afirmar que existe un amplio consenso respecto a ciertos principios probados en diversos ámbitos (desde el escolar hasta el clínico o terapéutico) hasta la fecha.

Por un lado, el juego expresa deseos y experiencias, pero también temores y conflictos, por medio de juguetes y la realización de juegos por parte del individuo[16]. Por tal motivo, la observación del juego infantil es tan apreciada por psicólogos infantojuveniles de escuelas y corrientes diversas.

Por otro lado, el juego permite elaborar situaciones de intensa significación emocional, realizando en el juego, de manera activa, lo que se temió o sufrió pasivamente[17.] Precisamente por esto, la terapia de juego tiene una implantación tan significativa en ámbitos diversos: el tratamiento de traumas infantiles, la terapia familiar, la elaboración de duelos y pérdidas, el tratamiento de trastornos infantojuveniles y situaciones especiales como el caso de los niños hospitalizados (con quienes el juego es fundamental no solo por los efectos saludables sobre su desarrollo que tiene el juego infantil en general, sino también por cómo ayuda a controlar las ansiedades y temores, a paliar la sensación de pérdida de control ante un entorno impredecible, y a explicar y elaborar afectivamente procedimientos médicos realizados o por realizar[18]).

A la luz de lo anterior, y teniendo claro que las manifestaciones de lo que denominamos *cultura popular* son a la vez expresión y elaboración de las tendencias, conflictos y temores sociales que se dan en un determinado momento histórico, se entiende perfectamente el inmenso éxito de crítica y público de *Missile Command*. Por primera vez, en las salas recreativas inicialmente, y en millones de hogares al realizarse el *port* a la Atari 2600 el año siguiente, niños, adolescentes y adultos contaban con un juego que permitía una aproximación lúdica a uno de sus miedos más presentes: el de una súbita aniquilación nuclear. Casi nada.

---

16    Klein, M. (1932). El psicoanálisis de niños. Paidós. Véase también Winnicott, D. (1971). Realidad y juego. Paidós.

17    Freud, S. (1920). Más allá del principio de placer. En Obras Completas. RBA. Véase también Klein, M. (1932). El psicoanálisis de niños.

18    Schaefer, C. y O'Connor, K. (1988). Manual de terapia de juego. Manual Moderno.

# MISSILE COMMAND Y LA HEURISTICA DEL MIEDO

Y si bien seguimos teniendo suficientes bombas nucleares para aniquilar toda vida en el planeta varias veces, el miedo no es el mismo tras la desescalada armamentística nuclear posterior al fin de la Guerra Fría. Tras la caída del muro de Berlín, al parecer hemos preferido suicidarnos de otras maneras, acabando con los recursos del planeta y provocando un cambio climático, por ejemplo.

El filósofo judío-alemán Hans Jonas aborda la cuestión en su obra más importante: *El principio de responsabilidad*[19]. En pocas palabras el libro explica que el conocimiento científico y tecnológico ha incrementado enormemente el poder del ser humano. Este incremento de poder ha modificado las relaciones humano-mundo, lo que obliga a plantear una nueva ética colectiva que sea responsable con la humanidad del futuro.

Frente al *no hay nada nuevo bajo el sol,* válido desde el principio de los tiempos hasta hace nada, el nihilismo científico-tecnológico en el cual la modernidad se ha embarcado trae verdaderas novedades a la historia: la vulnerabilidad cambia de bando y si antaño el ser humano temía a la naturaleza, hoy en día es la naturaleza la que corre peligro frente al comportamiento humano. Otra novedad inédita en el mundo es nuestra capacidad de autodestrucción. En tiempos anteriores a las bombas nucleares o al calentamiento global, el humano solo podía suicidarse individualmente; hoy puede aniquilarse en tanto que especie. *Nos pueden suicidar*, esto es nuevo.

La técnica tiene una repercusión planetaria y obedece a la dinámica de *si algo puede hacerse, que se haga*. Hija de la idea del progreso, actúa bajo las mecánicas de las esperanzas utópicas que encandilaron al siglo anterior y confundieron *poder hacer* con *deber hacer*. Después de la experiencia de Hiroshima o Auschwitz, ejemplos de proceder técnico desbocado, se necesita otra perspectiva alternativa a la ingenua esperanza en el progreso, se impone una heurística del miedo que asuma nuestra responsabilidad para con la naturaleza y las generaciones venideras.

Jonas propone una máxima que introduce el factor *futuro* y el nuevo alcance de la conducta humana en el famoso imperativo categórico kantiano que dice: «Obra solo según aquella máxima por la cual puedas querer que (tu acción) al mismo tiempo se convierta

---

19    Jonas, H. (1979). El principio de responsabilidad. Herder.

en ley universal»[20]. La reformulación de Jonas reza: «Actúa de tal manera que las consecuencias de tu acción sean compatibles con la permanencia auténticamente humana en la Tierra»[21]; o formulado de otra manera: «Incluye en tu elección presente, como objeto también de tu querer, la futura integridad del hombre»[22]. Norma deontológica que fuerza a detener toda empresa científica o tecnológica que ponga en peligro la naturaleza y la vida que alberga.

Esta ética de la responsabilidad basa su acción no en la esperanza en lo mejor, sino en el miedo a lo peor. La heurística del miedo tiene en cuenta el alcance del poder técnico humano e impele a realizar un cálculo de riesgos que incluya la pregunta ¿Qué es lo peor que podría pasar?, para así visualizar tal supuesto y actuar responsablemente. Si algo puede fallar, dada la potencial gravedad de nuestros actos, mejor no hacerlo.

¿O es que alguien en su sano juicio consideraría ético fabricar más armamento nuclear tras visualizar la explosión multicolor de la pantalla que sigue a la destrucción de nuestra última ciudad en *Missile Comand*? Si existe el peligro probable de un rotundo *Game Over* universal, es nuestro deber actuar en consecuencia.

---

20   Kant, E. (1785). Fundamentación de la metafísica de las costumbres. Alianza.
21   Jonas, H. (1979). El principio de responsabilidad. Herder.
22   Ibidem.

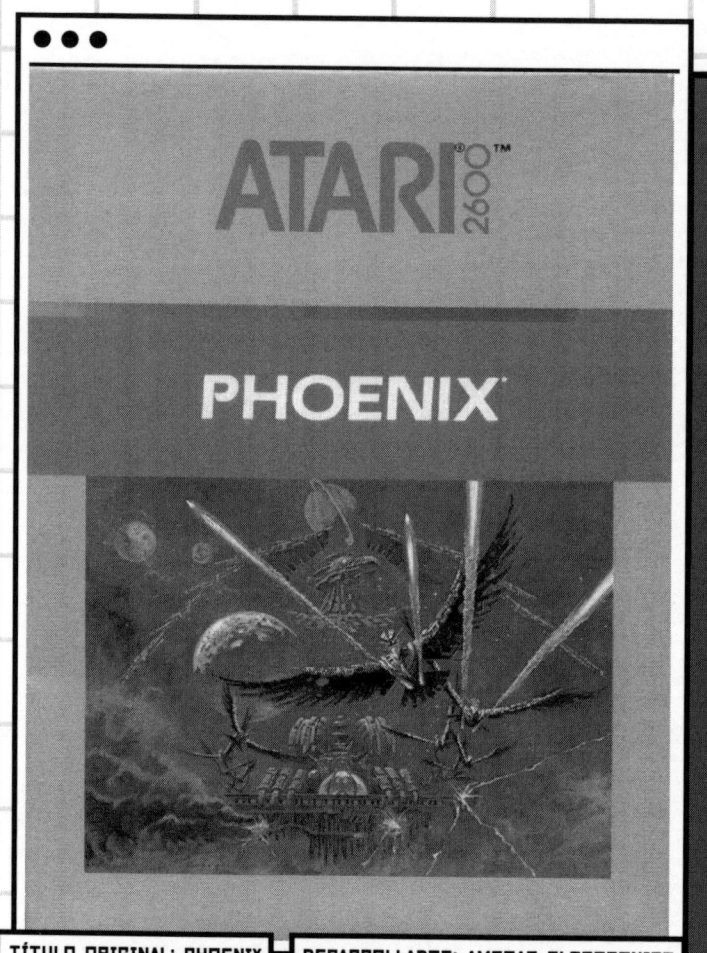

TÍTULO ORIGINAL: PHOENIX ── DESARROLLADOR: AMSTAR ELECTRONICS

PAÍS: USA ── GÉNERO: ACCIÓN, SHOOTER

LANZAMIENTO: ARCADE: 1980 (USA Y JAPÓN), DISTRIBUIDO POR TAITO
ATARI 2600: 1982 (USA Y EUROPA), PUBLICADO POR ATARI INC.

TEMÁTICA: ESPACIAL, CIENCIA FICCIÓN

PROGRAMADOR: MIKE FEINSTEIN, JOHN MRACEK

ILUSTRADOR (CAJA, MANUAL Y CARTUCHO): RANDY BERRETT

# 3. EL CALDO DE PIXELES PRIMIGENIO: PHOENIX Y LA EVOLUCION DE LOS SHOOTERS ESPACIALES

En este clásico título para Atari 2600, el jugador es el comandante de una nave espacial con la misión de destruir la nave nodriza extraterrestre que pretende saquear y exprimir los recursos naturales de la Tierra. Para ello cuenta con cinco vidas, un cañón láser y un campo energético que le sirve de barrera protectora durante unos pocos segundos. Tras combatir oleada tras oleada de malignas aves mecánicas que le lanzan proyectiles sin pausa, se llega a uno de los primeros y más memorables «jefes» de final de juego.

## UN CALDO PRIMIGENIO DE PIXELES: LAS MAQUINAS DE ARCADE Y LA GESTACION DE UN GENERO

Los títulos de las primeras máquinas *arcade* fueron implementando de manera gradual las reglas y dinámicas que sustentarían sus diferentes géneros. Una panorámica que abarque tales momentos germinales del *shooter* espacial nos ayudará a entender este desarrollo escalonado y a apreciar el trecho recorrido hasta llegar a *Phoenix,* título que sintetiza las propuestas precedentes e innova a su vez en diversos aspectos importantes.

Como advertíamos en la introducción, realizaremos este recorrido por los primeros videojuegos atendiendo exclusivamente a lo que ocurre en la pantalla, los mandos y el jugador, poniendo entre paréntesis los aspectos técnicos relacionados con la programación y el anecdotario asociado al lanzamiento de cada título. Iremos a los juegos mismos; en el caso de este capítulo, a la vivencia de jugar las máquinas *arcade* primigenias, sin añadidos.

En el principio fue el *Pong* (1972), primer videojuego que nos da la bienvenida a este microcosmos conformado por pantalla, mandos y jugador. Ante nosotros, destacan seis elementos, como al revés de un libro, en blanco sobre negro: dos dígitos en la franja superior (el marcador); dos líneas, una en cada extremo; en el centro una línea vertical segmentada que divide la pantalla en dos; y un pequeño cuadrado. Todo el conjunto en movimiento nos sitúa ante una inequívoca abstracción, minimalista y perfecta, de un partido de tenis o pimpón. Con el dedo índice y el pulgar manipulamos una pequeña rosca como la que se utiliza para controlar el volumen o sintonizar una emisora en una radio. Según el sentido del giro que imprimamos en el mecanismo las líneas/raquetas se moverán hacia arriba o hacia abajo manteniendo el eje. El objetivo del juego es contactar con la línea/raqueta el pequeño cuadrado/pelota para que pase al campo del oponente que intentará a su vez devolver la bola. Si uno de los jugadores yerra se sumará un punto al marcador del oponente; quien primero acumule once será el ganador.

Si la pelota contacta con las raquetas o las paredes escucharemos un armonioso *pong* eléctrico, por contra el fallo será subrayado con un desagradable tono agudo. Este rudimentario apartado sonoro contribuye adecuadamente a que nos sumerjamos en el fluido estado de atención que la partida exige. Al jugar contra la máquina descubrimos una inteligencia artificial primitiva, incapaz de acertar alguna que otra bola fácil, pero que en contrapartida posee la inalcanzable ventaja de no distraerse nunca. Entendemos desde el primer instante la mecánica del juego, pero para llegar a ser mejor que el oponente, sea este de carne y hueso o de circuitos y cables, se requiere concentración y práctica. Una vez más, *fácil de jugar, difícil de dominar.*

Fijemos nuestra atención ahora en *Breakout* (1976). En él, encarnamos a una línea en la parte inferior de la pantalla y ante nosotros se extiende un muro conformado por ocho líneas fragmentadas que debemos destruir haciendo rebotar un pequeño cuadrado entre la línea que somos y los bloques del muro. Cada vez que el pequeño cuadrado toca uno de los segmentos de las líneas, este desaparece. Los movimientos que podemos realizar para retornar el pequeño cuadrado a la pared son horizontales (izquierda/derecha) y se obtienen accionando una rosca similar a la de *Pong*. La velocidad del proyectil aumenta en cada rebote. Gracias a los dibujos que decoran la máquina concluimos que encarnamos a un prisionero que blande un martillo arrojadizo en pos de su libertad. Nada en la pantalla nos lo confirma. No obstante, la sensación de agobio que supone el tener que destruir ladrillo a ladrillo una pared que nos impide el paso, se transmite de manera efectiva con sencillez en sus formas y alta dificultad en su jugabilidad.

Llega *Space Invaders* (1978), el movimiento horizontal anclado en el tramo inferior de la pantalla se mantiene mientras la línea que somos se acorta y engorda. En este caso somos una nave (o tanque) que tiene por objetivo eliminar con su cañón láser a un conjunto de marcianos inequívocamente procedentes del imaginario de H. G. Wells, compuestos por pocos píxeles distribuidos en artística sabiduría sobre un fondo negro. Los invasores, formados en bloque como ladrillos de un muro, se mueven de manera horizontal y gradualmente descendiente mientras disparan zigzagueantes rayos láser. Por suerte, cuatro arcos colocados a un nivel por encima del eje de movimiento de la nave nos sirven de barrera y refugio. De vez en cuando, por la franja superior de la pantalla pasa un platillo volante, siendo el adversario que más puntúa al ser acertado. Los otros extraterrestres puntúan en orden descendiente de dificultad y ubicación en la formación: abajo, fáciles; arriba, difíciles. Para desplazarnos utilizamos una palanca y para disparar un botón: la palanca y el botón llegan a este mundo para quedarse.

La estrategia juega su papel: acabar con la totalidad de enemigos exige disparar con cierta cadencia, en el orden adecuado, utilizando las barreras con astucia y tino. Disponemos de tres intentos, tres naves o tres vidas, según se entienda, para eliminar a todos los invasores del espacio antes de que nos alcance alguno de sus proyectiles o seamos arrollados en su descenso cada vez más veloz. Dos pequeñas naves, miniatura de la que pilotamos, ubicadas en el extremo inferior izquierdo de la pantalla nos indican las oportunidades que nos quedan. La visión del estático fondo negro, vacío de extraterrestres, tras varios intentos hasta dar con la estrategia adecuada, produce la satisfacción del deber cumplido. Existe cierta innegable sensación de completitud en *Space Invaders*, pero queda trecho por recorrer.

Un año después de la invasión de los marcianos llega *Asteroids* (1979). Aquí pilotamos un pequeño triángulo rodeado por amenazantes circunferencias dibujadas por un niño pequeño que ha perdido su compás. Austeros trazos geométricos blancos sobre un fondo negro escenifican el drama que atraviesa nuestra nave, atrapada entre asteroides y acosada intermitentemente por un platillo volante enemigo. Por primera vez podemos movernos en todas las direcciones posibles de un plano. Una complejidad inédita de cinco botones bajo las yemas de los dedos provocan una multitud anonadante de acciones: dos botones para rotar la nave hacia la izquierda o a la derecha, uno para acelerar, otro para disparar fotones y otro más, llamado *hyperspace*, para teletransportarnos en caso de apuros. Los asteroides se dividen en partes cada vez más pequeñas hasta desaparecer del todo conforme los alcanzan nuestros disparos. Tras despejar la pantalla de asteroides y platillos volantes vendrá otra oleada más densa y veloz. Las pantallas se suceden en un gradual incremento de dificultad hasta cruzar la frontera de lo imposible.

El botón y la palanca vuelven con *Galaxian* (1979), un primo segundo de *Space Invaders* que presenta una importante innovación más allá de los colores que engalanan a sus extraterrestres insectiformes: el fondo de la pantalla se mueve. Un firmamento multicolor se desplaza en un movimiento continuo y descendente que permite a la nave «avanzar» en el espacio. Nace el *scroll* vertical y con él, el infinito. A diferencia de *Space Invaders*, no contamos con barreras que nos protejan, por lo que nada se interpone entre nuestra nave y los ataques kamikaze de los tenaces insectos multicolor. El juego es rápido, demanda reflejos y puntería, pero no exige tanto como *Defender*.

Rompiendo la lógica vertical imperante llega *Defender* (1981): nos situamos a los mandos de una nave que enfrenta a seis tipos de entidades extraterrestres de variadas formas pero con un objetivo común: abducir a los terrícolas, un conjunto de píxeles vagamente antropomórficos que ocupan la franja inferior de la pantalla. Al fondo unas líneas rojas evocan montañas y, esparcidas por toda la pantalla, titilantes estrellas se desplazan de izquierda a derecha según la dirección de la nave que pilotamos. Nace el *scroll* horizontal, que amplía la pantalla más allá de sus extremos naturales. Corona el cuadro un rectángulo a modo de mapa que con pequeños puntos de colores marca nuestra ubicación, la de los enemigos a eliminar y la de los humanos a rescatar.

La palanca solo controla los movimientos verticales de la nave; la propulsión y la dirección se controlan con dos de los cinco botones, los otros tres sirven para disparar, tirar bombas y teletransportarse, respectivamente. Dominados los complicados mandos, la nave es capaz de desplazarse en todas las direcciones del plano sobre un *scroll* horizontal en movimiento, dejando tras de sí una estela propulsora detallada e hipnótica. Cualquier figura (nave, extraterrestre o ser humano) produce al estallar un derroche de píxeles y color que recuerda a los fuegos artificiales.

Cuando uno de los extraterrestres atrapa algún rehén entre sus tentáculos, es nuestro deber rescatarlo disparando al raptor y recogiendo en el aire al azorado terrícola para depositarlo de nuevo en la tierra. Las alternativas a un rescate exitoso son terribles: el humano puede, tras la eliminación del abductor, precipitarse al suelo y transformarse en una pixelada mancha roja en el paisaje; puede ser alcanzado por nuestro disparo en caso de error y estallar pirotécnicamente; o (la alternativa más peligrosa y triste) puede ser completamente abducido por el extraterrestre, fusionarse con él en la parte superior de la pantalla y convertirse en un mutante híbrido altamente agresivo que tendremos que eliminar.

La dificultad de *Defender* es enorme; la enrabiada velocidad y la complejidad del control no son obstáculos menores. Las pantallas se superan al eliminar a todos los invasores. En cada fase aumenta el nivel de dificultad, con mayor variedad de enemigos y mayor velocidad de ataque.

El juego, al igual que la mayoría de los *matamarcianos* pioneros, no tiene una última fase; se acaba cuando perdemos todas las vidas con independencia del número de pantallas superadas o de la puntuación obtenida. En sentido estricto, estos videojuegos son imposibles de ganar, pero siempre podemos obtener más puntos...

Acabamos la panorámica con *Phoenix* (1980), cronológicamente anterior a *Defender* pero último ingrediente del caldo de píxeles primigenio que visitamos por razones expositivas. Las letras del nombre del ave que renace de sus cenizas se dibujan en la pantalla conformada por pequeños seres con forma de pájaro. Comienza la partida y la nave que pilotamos con sus móviles alas en forma de cruz surca el cielo impulsada por un bello *scroll* vertical compuesto por estrellas, meteoritos, planetas anillados y galaxias lejanas. Ante nosotros, una formación de pequeños pájaros contagiados del espíritu kamikaze de los insectos de *Galaxian*. Nuestro objetivo, disparar a todo lo que se mueva desplazándonos en sentido horizontal, anclados en la franja inferior de la pantalla, accionando el efectivo mecanismo de la palanca y el botón que esta vez son dos: el segundo activa una barrera que protege la nave, envolviéndola en una circunferencia durante un segundo.

Durante los primeros instantes de la partida la máquina nos sorprende con la canción *Romance de amor*, conocida balada anónima que nos deja desconcertados. Tras este primer golpe las aves enemigas comienzan a dispararnos y a atosigarnos con ataques físicos, siguiendo pautas caprichosas e imprevisibles. Eventualmente tendremos que activar la barrera protectora a fin de evitar una muerte segura. Al eliminar dos oleadas nos atacarán hordas de pájaros más grandes que deben ser alcanzados por nuestros proyectiles en su centro, pues en caso de acertarles en un ala, esta volverá a crecer al instante y el ave seguirá atacando como si nada. Tras otra oleada de estos escurridizos plumíferos, ocupará buena parte de la pantalla un impresionante y colorido platillo volante pilotado por un carismático alienígena que hubiese podido pintar Miró. Desde la franja superior de la pantalla, huestes de pájaros mecánicos se suman al ataque mientras llueven disparos desde el vientre de la gran nave que desciende lentamente. El platillo volante posee una franja longitudinal a modo de barrera o escudo energético. Debemos destruir la barrera para eliminar al piloto. Y si bien tras la destrucción de la nave el juego vuelve a comenzar con variaciones en las formaciones y mayor dificultad, el bucle eterno de pantallas que se repiten se ha roto gracias a la figura, canónica a partir de *Phoenix*, del «jefe final». Desde entonces, el videojuego nos cuenta una historia con un principio, un desarrollo y un final, por lo que jugar tendrá más que ver con el sentimiento de *a ver qué viene después* que con el de *a ver cuántos puntos hago*.

Hasta aquí la observación fenomenológica de algunos de los títulos más significativos que conforman la evolución de las estructuras básicas que definen al shoot'em up (o shooter) y al videojuego de acción. Tras jugar a esta serie de títulos fundacionales, entendemos mejor la dinámica creativa generada en ese verdadero caldo primigenio de píxeles que representó la primera generación de juegos arcade. Son títulos de autenticidad y pureza incuestionables que supieron ir construyendo, en una gradual síntesis de ideas e innovaciones, la estructura básica que conforma un videojuego clásico: una narración interactiva que audiovisualmente relata las aventuras de una figura separada del fondo (que encarnamos en la pantalla) y que debe ser guiada por medio de una palanca en todas las direcciones posibles de un plano, superando obstáculos y eliminando enemigos a través del accionar de botones, avanzando con el movimiento horizontal o vertical del fondo de la pantalla, hasta llegar al punto culminante donde un adversario superior en tamaño y dificultad al resto debe ser superado para recomenzar un recorrido similar de mayor dificultad.

Con el tiempo, otros juegos harán sus innovaciones técnicas y aportaciones. Más allá de naves y tanques, las pantallas se poblarán de todo tipo de protagonistas: soldados, ninjas, erizos o fontaneros. Sin embargo, las líneas generales, las bases de la estructura, la lógica de casi toda obra, la prefiguraron originariamente los primeros arcade y entre todos ellos, destaca a nuestro entender el genial Phoenix.

## LA ESTIRPE DE SPACE INVADERS

Como hemos podido comprobar, Phoenix es claramente heredero de Space Invaders (Taito, 1978) y un beneficiario directo de su fórmula: invasores extraterrestres atacando y disparando desde la parte superior de la pantalla, nave defensora terrícola esquivando y disparando en la parte inferior. Lo que hace que Phoenix sea recordado favorablemente entre los innumerables shooters espaciales de las recreativas es, en todo caso, el modo en que el juego aborda el exitoso modelo original de Taito. Su port o versión doméstica para la Atari 2600 es un clásico de la consola.

El acierto del otrora desconocido estudio Amstar Electronics (que toma originalmente el nombre de su ciudad —Phoenix, Arizona— para el juego que nos ocupa) al aproximarse al ya conocido modelo de *matamarcianos* se encuentra en detalles como la existencia de distintas oleadas de enemigos, la presencia de un jefe final, o el menor número de enemigos en pantalla a cambio de una mayor movilidad y velocidad de estos, entre otros.

Durante nuestra anterior panorámica, al detenernos en *Phoenix* mencionamos de pasada que en la pantalla del jefe final se debe eliminar la barrera protectora de la nave para poder destruir al piloto alienígena. Nos faltó mencionar que la estrategia a seguir para lograr el cometido es la siguiente: debemos situarnos bajo un extremo de la nave y disparar a la barrera que, al ser giratoria, se irá desintegrando con nuestros disparos sin necesidad de que cambiemos la nave de posición. Tras destruir la barrera debemos situarnos bajo el centro de la nave, accionar nuestro campo de fuerza y apretar el botón del joystick como si no hubiese un mañana. Si se hace bien, los disparos irán superando las diversas capas defensivas de la nave nodriza hasta alcanzar en la entrepierna al piloto invasor. Se nos antoja que esta estrategia la hemos sabido *desde siempre*, como si fuese una idea innata. Sin embargo, la explicación más probable es que para los autores, *Phoenix* ha sido siempre nuestro juego preferido de la consola Atari 2600. Y eso es decir mucho: se trató de nuestra primera consola, con la que despertamos a los videojuegos. En parte por lo anterior, sus juegos no fallan nunca a la hora de transportarnos inmediatamente a la infancia, evocándonos personas, lugares y en general la foto fija de toda una cotidianidad doméstica. Y entre todos esos títulos, es el de *Phoenix* el que, invariablemente, nos hace sentir siempre como que hemos vuelto a casa.

## ARGUMENTO ABSURDO, JUEGO SOBERBIO

Llega el momento incómodo de abordar el argumento: según el manual original del cartucho para la Atari 2600, el Ave Fénix ha sido siempre una criatura mitológica de especial significado para los humanos. O por lo menos hasta ahora, ya que, al parecer, la presencia de residuos radiactivos (gran obsesión colectiva a principios de los ochenta del siglo pasado) en los nidos de tales aves (¿quién en su sano juicio deja residuos atómicos en el nido de un ave mitológica? ¿Es que no se imaginan lo que puede pasar?) las ha hecho mutar en terribles monstruos mecanizados que venden sus servicios (¿en qué divisa cobran? ¿Con factura o en negro?) a una potencia alienígena que quiere saquear los recursos naturales de la Tierra (como si los propios humanos no nos bastáramos para ello). Huelga todo comentario. Cabe mencionar simplemente que, en 1982, el mero hecho de poder jugar en la propia televisión, a color, con numerosos efectos sonoros y controlando la acción de la pantalla, ya era sorprendente de por sí; el tiempo que se dedicaba a tramar historias para los *matamarcianos* era una fracción ínfima del empleado en la programación del videojuego.

Tanto si se ha jugado o no a la versión original *arcade* de *Phoenix*, de lo primero que salta a la vista al probar el *port* para la Atari 2600 es la calidad de los gráficos y la animación: se elimina el típico parpadeo (*flickering)* de las imágenes en pantalla, las aves fénix que atacan al jugador son una traslación más que decente del juego de recreativas (menos pixeladas que otros gráficos para la consola y con más tonalidades cromáticas), el movimiento de todos los *sprites* es fluido y coherente, y la pantalla del jefe final está llena de detalles, color y movimiento.

Los efectos sonoros buscan captar la sensación de urgencia y amenaza de la invasión alienígena y son, en sí mismos, un amplio catálogo de los típicos sonidos de la Atari 2600 que han quedado indeleblemente grabados en las neuronas de millones de cerebros en todo el mundo.

Mención especial merecen las ilustraciones hechas para el cartucho, caja y manual de *Phoenix*, a cargo de Randy Berrett, que son una muestra de la inmensa calidad existente en el arte gráfico de la industria de los videojuegos a finales de los setenta y principios de los ochenta del siglo xx.

## A LOS MANDOS DE LA NAVE

Existe un amplio consenso en la comunidad *gamer* al respecto: de nada sirven los gráficos espectaculares y las animaciones prodigiosas si después el jugador debe luchar con el propio mando de la consola más que contra los enemigos del juego. En el caso de *Phoenix,* no solo los gráficos y la animación están muy por encima de lo que habitualmente se encuentra en los videojuegos domésticos de la época, sino que la excelente respuesta del mando de la consola permite un control muy preciso de la propia nave y sus acciones. A medida que avanzan las fases del juego y aumentan tanto el fuego enemigo como la frecuencia de sus embestidas, el control milimétrico se vuelve indispensable para poder hacer frente a la acción frenética.

La cuestión del control tiene relación directa con otro aspecto que se suele destacar positivamente de *Phoenix:* el nivel justo de dificultad. Pues si bien es cierto que nadie quiere un juego que resulta pan comido, también es sabido que la línea que separa el desafío de la frustración es fina, muy fina. Que nos lo pregunten a los millones de *gamers* que, apenas cinco años después de la salida al mercado de *Phoenix*, estábamos sufriendo lo indecible con instrumentos de tortura masiva (disfrazados de cartuchos para la NES) con nombres como *Ghosts'n Goblins, Castlevania,* o *Ninja Gaiden.*

Otro aspecto a resaltar de *Phoenix* es la presencia de un campo de fuerza que hace las veces de escudo, lo cual permite ampliar el repertorio de acción de la propia nave. Esta barrera, de igual manera, puede usarse como arma si se calcula bien el momento en que un enemigo embiste al jugador, detalle que añade un componente estratégico más al juego.

Al final, al igual que en el *arcade* original, después de triunfar contra el maligno extraterrestre que orquesta la invasión, el jugador es premiado con nuevas oleadas de enemigos y jefes finales, *ad infinitum.*

## PHOENIX. NOSTALGIA VERSUS COMFORT

Como se ha comentado anteriormente, volver a jugar rudimentarios videojuegos de la época de 8 bits en la vorágine de novedades y avances tecnológicos de la actual era de la información y comunicación puede intentar explicarse a partir de diversos factores. Uno de ellos (no el menor, y de cuyos peligros ya hemos advertido) vendría a ser el de la nostalgia: aquella dulce tristeza que nos embarga al recordar por un momento tiempos pasados en que las cosas no eran necesariamente mejores, pero probablemente sí más sencillas. La etimología de este sentimiento es muy explicativa: proviene del griego, de *nostos*, que significa «retorno» y *algios*, «dolor». Es, por tanto, el ansia del regreso, el dolor causado por la lejanía de un bien querido y perdido.

El sentimiento de nostalgia es uno de los más buscados y experimentados por los *retrogamers* de todo el planeta, y se basa mayormente en el poder evocador de los estímulos audiovisuales presentes en todo videojuego. Tal poder consiste en que cualquier detalle del juego adecuado (tómese una explosión precariamente programada para el sonido de 8 bits, por ejemplo) nos puede transportar instantáneamente a épocas pretéritas de nuestra historia, trayendo inmediatamente recuerdos vívidos de personas, sucesos y lugares no visitados en décadas. Casi siempre procedentes de la infancia, aquella patria perdida que nos pasamos la vida intentando recuperar o por lo menos reproducir más o menos fielmente.

Sin embargo, y siendo lo anterior ampliamente sabido por psicoanalistas, psicólogos cognitivo-conductuales y expertos en *neuromarketing* de todo el mundo, si se sigue indagando en mayor profundidad se vislumbra otro fenómeno no menos cierto. Y es que en no pocos videojuegos *retro* (que cada jugador en particular tiene clarísimos en su cabeza), el factor que causa que se acabe volviendo a ellos una y otra vez no es otro que el del confort: ese placer que proporciona evadirse a un sitio seguro donde conviven sin contradicciones la realidad interna de cada uno y las exigencias del mundo externo: lo que se ha dado en llamar el *espacio lúdico*.

Los orígenes de tal espacio hay que buscarlos en las primeras etapas de la vida humana. Psicólogos como Donald Winnicott, después de décadas estudiando el desarrollo infantil, sugieren que en un primer momento el neonato carece de un Yo y se encuentra en un estado de fusión simbiótica con su cuidador primario (léase «la madre», en la inmensa mayoría de casos). Conforme va elaborando sus primeras representaciones de sí mismo, con base en experiencias motoras y sensoriales, se desarrolla en el bebé una tercera zona de experiencia, situada entre su incipiente mundo interior y la realidad externa. En esta zona intermedia de experiencia, el infante queda libre de la tensión resultante de los intentos por conciliar la realidad interna con la externa:

> Es una zona intermedia de experiencia a la cual contribuyen la realidad interior y la vida exterior. Se trata de una zona que no es objeto de desafío alguno, porque no se le presentan exigencias, salvo la de que exista como lugar de descanso para un individuo dedicado a la perpetua tarea humana de mantener separadas y a la vez interrelacionadas la realidad interna y la exterior[23].

---

23    Winnicott, D. (1975) El proceso de maduración en el niño. Laia, p. 19.

En esta zona, el niño toma objetos del mundo externo y los trata como una parte casi inseparable de sí mismo; adquiere derechos especiales sobre ellos y en muchos casos los emplea como un sedante ante la angustia que le significa la gradual separación con su madre (piénsese al respecto en la mantita o peluche de muchos bebés e infantes de temprana —y no tan temprana— edad). Winnicott los llama *objetos transicionales* y el juego, por desarrollarse en esta zona intermedia, es en realidad un conjunto de *fenómenos transicionales*[24].

En consecuencia, al observar a un infante jugar se debe tomar en cuenta que el juego, visto como fenómeno transicional, implica el uso de objetos de la realidad externa (juguetes y juegos) en situaciones imaginarias, regidas por la realidad psíquica de quien juega.

Como se menciona en el capítulo anterior, Winnicott afirma que a medida que crecen, los niños y niñas juegan también para controlar su ansiedad, o bien para controlar impulsos que pueden causar ansiedad si no son elaborados lúdicamente. Por ejemplo, explica que los niños al jugar comprueban que los impulsos agresivos pueden canalizarse y expresarse en un ambiente determinado (el espacio lúdico) sin sufrir represalias por ello.

En todo caso, independientemente de que se trate del juego infantil más temprano o de versiones posteriores más elaboradas, queda claro que el acto de jugar se realiza en una zona intermedia de experiencia, donde coexisten la realidad interna de quien juega y la realidad externa, compartida. Este espacio transicional es el espacio lúdico, que se perpetúa en la experiencia humana a través de los fenómenos religiosos, culturales y artísticos. Gracias a ello tenemos también esos libros, discos y películas a los que recurrimos repetidamente cuando buscamos confort y evasión; es por ello que podemos compartir y conectar nuestro propio espacio transicional con el de otras personas en zonas intermedias de realidad como un servicio religioso, una *performance* artística o el concierto de nuestro grupo favorito.

Como se ha mencionado ya, se trata de un espacio que aporta seguridad y permisividad, por lo que es idóneo para expresar sentimientos o conflictos y para experimentar con conductas que normalmente no se mostrarían fuera de la situación de juego.

Nostalgia aparte, es la evasión placentera (practicada durante

---

24    Winnicott, D. (1971) Realidad y juego. Paidós.

años) a ese lugar seguro que representa en nuestra psique tal o cual juego, el factor que da a un título *retro* su carácter de *juego de confort* al que se acaba volviendo siempre. En nuestro caso, al jugar *Phoenix* nuestra versión de diez años de edad podía bajar la guardia, dejar de estudiar o de hacer extraescolares, sentarse en el suelo, pegar gritos y sacar sus impulsos agresivos destruyendo centenares de enemigos alienígenas de manera segura y socialmente aceptable. Al menos por un rato. Y es esa exactamente la sensación que experimentamos hoy, más de tres décadas después, al volver a jugar *Phoenix*. No falla.

ADVENTURE
VIDEO COMPUTER SYSTEM™
GAME PROGRAM™
3 VIDEO GAMES
THREE SKILL LEVELS
ONE PLAYER
ATARI
CX 2613

**TÍTULO ORIGINAL: ADVENTURE**      **DESARROLLADOR: ATARI INC.**

**PUBLICADO POR: ATARI INC.**   **PAÍS: USA**   **GÉNERO: ACCIÓN-AVENTURA**

**LANZAMIENTO: USA: 1979, PARA LA ATARI 2600**
**EUROPA: 1980, PARA LA ATARI 2600**

**TEMÁTICA: FANTASÍA MEDIEVAL**

# 4. UNA DRACOMAQUIA MINIMALISTA: ADVENTURE Y EL NACIMIENTO DE UN GENERO

Jugar este cartucho insignia de la Atari 2600 sigue siendo una experiencia gratificante a décadas de su lanzamiento. Y es que *Adventure* sienta, de una vez y para siempre, las bases de un género tan popular y extendido como el de la acción-aventura. El título ofrece una representación, pixelada e interactiva, de la lucha entre el héroe y el dragón —una dracomaquia— permitiendo que la fuerza simbólica de este mito universal se exprese por primera vez en el mundo de los videojuegos.

# ADVENTURE. LA PALABRA HECHA MOVIMIENTO

El argumento del juego difícilmente podría ser más arquetípico. A falta de una princesa necesitada de auxilio, el píxel que somos (sí, uno solo) debe recuperar un cáliz que ha sido robado por un maligno hechicero y que se halla oculto en las mazmorras más profundas de un tenebroso castillo. Para lograr el cometido, recorreremos mazmorras, reuniremos objetos útiles, esquivaremos malignos murciélagos, buscaremos las llaves que nos darán acceso a los diversos castillos del reino y lucharemos valerosamente contra voraces dragones custodios. Y todo ello con la única ayuda de la palanca y el botón (sí, uno solo) del *joystick* de la emblemática Atari 2600.

El ingenio del programador de Atari Warren Robinett, capaz de traducir un extenso juego de aventura conversacional para ordenador (*Colossal Cave Adventure;* Will Crowther, 1976) en un ágil título de fantasía medieval que cabe en 4 Kb (el logo de Google ocupa 8 Kb) encumbra a *Adventure* a la categoría de juego fundacional de géneros tan emblemáticos como la acción-aventura o, incluso, la aventura gráfica. Los ítems intercambiables, la libertad de movimientos sobre un mundo abierto, las misiones superpuestas, las mazmorras laberínticas, la temática de fantasía medieval y su desarrollo no lineal, serán canónicos desde entonces.

Lo primero que podría llamar la atención al jugador contemporáneo es el carácter rudimentario de *Adventure*, sobre todo a nivel gráfico. El héroe del juego es, básicamente, un gran cuadrado. Más pixelado que eso, imposible. Pero es que los castillos, por poner un ejemplo, no constan de muchos más píxeles. De hecho, para reconocer los objetos que encontramos a medida que recorremos el reino, tales como la espada, el puente, el imán o los mismos dragones, hace falta cierto grado de imaginación. Y si bien el mérito de *Adventure* no radica en su apartado gráfico, no está exento de cierta belleza minimalista. Pero más allá de sus dragones con innegable aspecto de pato, *Adventure* hizo historia al ofrecer una manera dinámica de jugar las aventuras conversacionales, género que empezaba a pegar con fuerza en la época.

En las aventuras conversacionales (medievales o no) los textos eran protagonistas absolutos y cada acción del personaje obedecía a comandos introducidos desde el teclado del ordenador. El gran mérito del título que nos ocupa es pasar de lo textual a lo visual; *Adventure* inventa una manera de jugar en la que podemos enfrentar enemigos, recorrer mazmorras y utilizar los ítems que encontramos sin necesidad de teclear las acciones, bastándonos con el mando. Robinnet supo aplicar la fórmula instantánea de las acciones de los juegos de *arcade* a una leyenda medieval. De leer la descripción del escenario a verlo dibujado delante del jugador; de introducir órdenes del tipo «coger espada» a, simplemente, acercar al personaje a la espada hasta escuchar el sonido que confirma la acción, hay un mundo de diferencia. El mundo abierto de los juegos de acción-aventura.

El título que nos ocupa es pionero en más de una cuestión. Entre otras innovaciones, una muy curiosa, se trata del primer videojuego en incluir un *easter egg*. En este caso, si se siguen los pasos adecuados, aparece una pantalla escondida con el mensaje *Designed by Warren Robinett,* que tiene su origen en la frustración del autor ante la negativa de Atari Inc. a incluir los nombres de los programadores de los juegos en los mismos, en sus cajas o en sus manuales. Presumiblemente, por miedo a que la competencia los identificara y los tentara con mejores ofertas económicas. Robinett no se conformó y logró firmar su obra en secreto.

Los sonidos del juego son variados y acompañan adecuadamente cada acción del protagonista, pero definitivamente se echa en falta la música, que brilla por su ausencia: *Ser Píxel*, nuestro héroe, deambula en completo silencio por el reino a no ser que recoja un objeto, abra una puerta o acabe en el buche de un dragón. No hay que olvidar que se trata, efectivamente, de uno de los primeros juegos para Atari 2600, por lo que su primitivismo en diversos ámbitos era evidente para los propios usuarios de la consola, que pocos años después disponían ya de títulos mucho más elaborados y efectistas. En efecto, si se compara *Adventure* con otros juegos de la misma compañía para el mismo sistema como los *ports* de *Phoenix*, *Vanguard* o *Centipede*, todos ellos de 1982, el primero parece un juego modesto de una consola anterior.

Su mecanismo es tan revolucionario como sencillo: la palanca del *joystick* permite mover a nuestro héroe en todas las direcciones de un plano, mientras que el botón posibilita soltar el objeto que llevamos para recoger uno nuevo. La gran novedad en el ámbito de la jugabilidad consiste en el ya mencionado salto del texto a la acción, con tintes de aventura gráfica. Esto que puede parecer tan obvio hoy en día, no lo era ni lejanamente en 1979, cuando la simplicidad e inmediatez de las acciones del videojuego eran patrimonio casi exclusivo de los juegos de *arcade* tipo matamarcianos, que analizamos ampliamente en el capítulo anterior. Tanto la mecánica de juego como la perspectiva visual del título que nos ocupa son inéditas y consiguen trasladar a la pantalla una versión dinámica e interactiva del tablero del juego de rol tradicional, de ahí su perspectiva cenital que evoca la del jugador sobre el tablero en un juego de mesa.

*Adventure* cuenta con un total de treinta pantallas, conectadas entre sí en su mayoría (lo que invita a tomar papel y lápiz y hacer un mapa rudimentario del reino) en las que podemos entrar, salir, perdernos, combatir, vencer o ser devorados por un dragón, recoger objetos o perderlos y realizar multitud de acciones. En los años que corrían, lo habitual en la mayoría de los videojuegos era contar con una sola pantalla jugable, a la que se le iban introduciendo más o menos variaciones mientras el jugador progresaba a través de los niveles. En contraste, *Adventure* ofrece un rudimentario mundo abierto años antes que Miyamoto retomara la idea y la llevara a otro nivel en *The Legend of Zelda* (Nintendo, 1986).

Los adversarios de nuestro caballero, molestos murciélagos y temibles dragones, son capaces de atosigarnos intencionadamente y con coherencia espacial, hecho que complica la búsqueda del cáliz con alocadas huidas entre laberínticos prados y mazmorras, con uno o más dragones pisándonos los talones, a menudo a oscuras y sin la posibilidad de librarnos de nuestros perseguidores simplemente cambiando de pantalla. Esta dinámica genera una prisa constante en el cuadrado que somos, terrorífica y feliz; fluida e hipnótica, frustrante a ratos y absorbente siempre.

Siguiendo la tradición de muchos títulos para Atari 2600, el juego permite elegir entre diferentes niveles de dificultad (tres, en este caso) que a su vez determinan también la longitud del mismo, así como la presencia o no de ciertos elementos, adversarios y hasta escenarios. Típicamente, se empieza por el nivel uno, que presenta una versión reducida del reino y hace las veces de tutorial. El nivel más equilibrado es el segundo, que presenta un grado de dificultad más que aceptable, mientras que el tercer nivel (caótico e imprevisible) puede resultar una verdadera prueba de tolerancia a la frustración.

Independientemente del nivel, el final es siempre el mismo: cuando conseguimos vencer a los dragones y restituir el cáliz a su ubicación original (el castillo dorado), el juego se detiene, la pantalla cambia intermitentemente de colores y se oye una breve melodía que certifica el éxito de nuestro heroico cuadrado amarillo. Y es que vencer al dragón y recuperar el cáliz son gestas dignas de celebración, lo sabe todo aquel que haya comprendido el significado profundo de la leyenda del caballero que da muerte al monstruo mitológico. La dracomaquia o lucha del héroe con el dragón es un importante mito que marca en buena medida nuestro imaginario, prueba de ello las numerosas leyendas y obras de arte que inspira. Por tanto, no nos sorprende que una de las principales obras fundacionales del arte de los videojuegos sea precisamente una representación pixelada del mito.

## UNA DRACOMAQUIA MINIMALISTA

La lucha de un héroe contra un reptil de grandes dimensiones la encontramos en la cosmovisión e iconografía de infinidad de pueblos. Miles de años antes de que *Adventure* saliera a la venta se recitaba en Babilonia el poema de la creación *Enuma Elish,* que narra la lucha entre el dios Marduk que vence con su flecha al monstruo reptil Tiamat. A kilómetros y siglos de distancia, encontramos en la mitología griega a Apolo luchando con la gigantesca serpiente Pitón en una cueva y a Hércules venciendo al drago Ladón que le impedía el paso a un árbol de manzanas de oro. Análogamente en otros tiempos y lares, el dios celta Thor, el hindú Indra o el héroe germánico Sigfrido realizan gestas similares. Es fácil reconocer una estructura argumental común bajo las diversas formas donde un héroe o dios, blandiendo una espada, lanza o hacha, da muerte en una cueva o gruta a un malvado y gigantesco ser reptiliano que custodia un tesoro o una rehén que el héroe obtendrá como recompensa.

La primera descripción que reúne los elementos que se convertirán en arquetípicos en el dragón medieval la encontramos en el Antiguo Testamento cuando el paciente Job describe al terrible Leviatán como un gigantesco reptil que «arroja llamaradas por su boca»[25]. Teniendo en cuenta este texto y otros muchos, nuestra

---

25 «[...] su lomo son hileras de escudos, bien apretados y sellados; sus piezas se unen tan trabadas que ni el aire se filtra entre ellas; se sueldan unas con otras, formando un bloque compacto. Su estornudo proyecta destellos, sus ojos parpadean como el alba. Sus fauces lanzan antorchas, proyectan chispas de fuego; de su hocico sale una humareda, como caldero que hierve atizado su aliento enciende carbones, arroja llamaradas por su boca [...]», Job 41: 7-13.

cultura cristiana realizó una síntesis de los mitos hebreos, griegos, celtas y germánicos. Y en el sí de su gradual asimilación del paganismo generó dos íconos que configurarán significativamente la figura del dragón y del caballero medieval: la lucha de san Miguel con el príncipe de las tinieblas y la leyenda de san Jorge.

El Apocalipsis nos describe a un bélico san Miguel, comandante en jefe de las fuerzas celestiales, derrotando con gran poder al Dragón y a sus huestes de ángeles caídos, hechos que acontecerán durante los últimos tiempos, según el buen libro. El texto identifica al Dragón con Satanás. La imagen de un soldado alado lanceando un dragón, que a menudo se confunde con la de san Jorge, representa este relato bíblico y abunda en la iconografía cristiana.

Más tarde se conformará la leyenda de san Jorge. Casi nada sabemos del personaje histórico incluido en el santoral. Al parecer fue un soldado romano converso que combatió en Siria y Palestina. En algún momento de su vida rehusó formar parte de un sacrificio idolátrico imperial y en consecuencia fue martirizado por el gobernador de turno. Siglos después, en Silena (Libia) escuchamos por primera vez el relato de un valiente soldado rescatando a una princesa a quien había caído en suerte ser el alimento de un dragón que vivía en una cueva y tenía atemorizado al reino con su exigencia de jóvenes vírgenes para cenar. Y así como san Miguel mata al dragón en el mundo sobrenatural, san Jorge lo mata en el mundo terrenal. La leyenda irá expandiéndose por Occidente, adoptando formas y características locales, entre ellas las de hacer del santo un caballero andante. En algunas versiones el santo soldado se queda con el dragón sometido atado a una cuerda, en otras el dragón es llevado cautivo y entregado al pueblo que le da muerte. En la versión catalana, de la sangre de la bestia vencida brota un rosal y el caballero no se queda con la princesa. San Jorge es la leyenda medieval más popular de Europa, una de las figuras más representadas en el arte y el patrón de Inglaterra, Alemania, Rusia, Cataluña, Aragón y Lituania, entre otros muchos reinos y principados.

Los relatos derivados de la leyenda son innumerables. No obstante, hay una serie de elementos comunes que se dan cita en toda literatura o representación artística del mito más allá de su estructura argumental, tales como la naturaleza destructiva y perversa del dragón, una región sometida a su voluntad, una mujer cautiva o en su defecto un tesoro que es custodiado celosamente por el reptil, la guarida del monstruo situada en un lugar oscuro como una cueva, catacumba o mazmorra, las armas del héroe que suelen ser una espada, flecha o lanza, la paz y fertilidad de la región recuperada tras la muerte del dragón, etc. Todo relato universal lo es porque contiene un mensaje sapiencial intemporal que insiste en ser representado una y otra vez, ya sea en tinta, óleo, piedra o píxel. Por eso no es de extrañar que, en *Adventure*, dracomaquia primera de un nuevo tipo de arte, presente en su honesta sencillez todos los elementos esenciales del mito.

Las imágenes contenidas en la memoria del cartucho están dotadas de la misma carga simbólica que ha mantenido la leyenda, verde y joven por los siglos, esta simbología implícita es fértil en capas y matices. Como todo mito, cumple una función alegórica, lo que implica también no poseer una interpretación unívoca.

A un nivel cosmogónico, el dios matando al monstruo o el caballero al dragón apunta a la lucha del orden creador sobre el caos primigenio y a la victoria de ciertas fuerzas germinales sobre otras. Es sabido que la mayoría de representaciones de divinidades prehistóricas están ligadas a la feminidad y a la fertilidad y, si bien existían divinidades masculinas en los momentos iniciales del despertar espiritual de nuestra especie, abundaban más las diosas. Más tarde sabios antiguos entendieron la dualidad de la realidad que se articula en el equilibrio de la lucha de los contrarios: lo frío y lo caliente, lo seco y lo húmedo, la noche y el día. En concordancia con esta lógica, diversas manifestaciones religiosas primitivas adoraban la personificación de estas fuerzas de la naturaleza en figuras de dioses y diosas siendo la divinidad femenina vinculada a lo telúrico la que predominó inicialmente. En algún momento de la historia de los dioses se invirtieron las balanzas y rigió la necesidad en el imaginario humano de que lo viril se impusiera a lo femenino, lo paterno a lo materno, lo uranio a lo telúrico, lo diurno a lo nocturno y lo solar a lo lunar. Reconocemos los rastros de esta lucha teológica en el talante misógino de los textos fundacionales de nuestra cultura, donde el mal llega al mundo por medio de figuras femeninas. Pensemos en la caja de Pandora o en la manzana de Eva. Como prueba de este cambio de paradigma tenemos la proliferación de mitos donde dioses masculinos, encarnaciones del orden y el bien, desbancan a diosas anteriores, representaciones del caos y del mal como la ya citada dracomaquia del dios Marduk contra la diosa reptil Tiamat. Acorde con este imaginario, el dragón de las leyendas medievales suele ser femenino.

A un nivel individual el dragón simbolizará los bajos instintos, las fuerzas ciegas de la naturaleza y las tendencias más oscuras que habitan en el interior del ser humano impidiendo su libertad y su felicidad. Cada individuo combate contra su desorden, su caos interior, su instinto bestial y su soberbia. En esta capa simbólica el dragón es el representante de las tinieblas interiores, aspecto que sabe reflejar *Adventure* cuando mueve a sus dragones a oscuras entre grutas, mazmorras y cuevas, cavidades profundas que señalan el interior del ser humano como verdadero campo de batalla. Ya lo decía san Ignacio de Loyola: «Véncete a ti mismo», colofón que completa el sentido de la sentencia délfica «Conócete a ti mismo».

El enorme tamaño del dragón, hasta diez veces mayor que *Ser Píxel,* nos recuerda el gigantismo draconiano símbolo de la deformidad del corazón, donde pesa más lo cuantitativo que lo cualitativo. Las diferentes tradiciones interpretativas del mito entienden que el mal y la oscuridad del dragón interior simbolizan el ego. El individuo poseído por el dragón, poseído por el ego, el egocéntrico y el egoísta, magnifica sus asuntos, sus intereses y sus deseos porque en su interior habita una fuerza irracional que lo domina; da excesiva importancia a lo que le pasa a su persona, se preocupa en gran medida por sí mismo y minimiza las cuestiones que conciernen al prójimo. Vive como el dragón: atrapado en las dinámicas del propio ego, airado todo el tiempo, codiciando lo que no tiene y temiendo perder lo que custodia, en un desasosiego constante que le impide descansar.

Y ante estas fuerzas del caos y el mal, un pequeño cuadrado amarillo en la pantalla nos recuerda con su color la naturaleza solar del héroe. La espada, que en *Adventure* es más bien una flecha, simboliza la luz del conocimiento que permite combatir el mal de nuestro interior: la ignorancia de creernos importantes, de pretender desconocer la insignificancia y carácter cambiante del ego, de no concebir la fraternidad universal y la unidad esencial de todo con todo. La mujer rescatada, a este nivel simbólico, es la feminidad perdida entre los avatares teológicos de la historia, reflejo de fuerzas inconscientes reconocidas y reintegradas tras la batalla interior.

Alguien objetará que *Adventure* no tiene princesa a rescatar; cabe recordar entonces que el cáliz, la copa sacramental o el Santo Grial son símbolos asociados a la feminidad, al encarnar sus características simbólicas tradicionales de receptividad y pasividad. El héroe que ha matado al dragón, la persona que ha vencido su egoísmo, quien ha aniquilado el ego, paradójicamente pasa de la escasez a la plenitud, pero no en el ámbito del tener, sino en el del ser. Este crecimiento trascendental presente en todo camino místico implica *el paso de la mirada flecha a la mirada copa*. *La mirada flecha* es la que utilizamos al mirar el cambio de luz de un semáforo o al introducir una llave en una cerradura: es una mirada que separa las cosas distinguiendo partes en el todo; llena de deseo, nos relaciona con el mundo de una manera intencional y parcial. En contraste, el iniciado en la sapiencia mística conoce *la mirada copa*, la que se tiene frente al mar, que es desinteresada y receptiva, abertura acogedora, neutra e indistinta. Estas palabras mayores difíciles de entender desde nuestro aquí y ahora, describen el verdadero trofeo que se esconde para el místico tras la figura del Grial: el acceso a la vida eterna. Tras la gesta de la espada (matar el ego), la recompensa de la copa (hacerse uno con el todo). Es lo que ocurre simbólicamente cada vez que, tras presionar el botón rojo del *joystick* para abandonar la espada, recogemos el cáliz y volvemos al castillo siendo otros.

Evidentemente, Robbinett tenía su mente ocupada en otras cosas al programar *Adventure*. Ahora bien, todas estas imágenes arquetípicas, si hemos de hacer caso al psicoanalista suizo Carl Jung, habitan en el inconsciente colectivo y tienen nexos con la psique de cada cual. Es un hecho que nadie sabe más que su inconsciente, ni siquiera los genios de la programación.

## EL ADVERSARIO POR ANTONOMASIA

Cabe destacar que durante siglos el miedo al dragón era concreto, no una abstracción simbólica, ya que era una bestia que se creía real. Antepasados nuestros no tan lejanos creían en los dragones y tenían buenos motivos para hacerlo más allá de las leyendas. Por un lado los movimientos telúricos y los cambios de presión atmosférica producen movimientos de aire a un nivel subterráneo y generan en las grandes cuevas y grutas «soplidos» o «respiraciones» de gran potencia que podían confundirse con sonidos causados por un dragón. Por otro lado, eventualmente debieron existir agricultores, mineros y pastores que dieran con fósiles de dinosaurios, lo que conjuntamente al conocimiento del mito producía el razonable convencimiento de hallarse ante los restos de un dragón real. La hipotética visión de un depredador de tal envergadura activaría nuestros instintos más básicos, aquellos que rigen la base reptiliana del cerebro que no obedece a otra lógica que la del comer y no ser comido. Es la parte del cerebro que nos obligaría a huir ante la visión de un león (o de un dragón). Este miedo visceral al dragón ha llegado a nuestro imaginario colectivo, perfilándolo como el adversario por antonomasia. No es de extrañar, por tanto, que su figura ancestral inaugure el rol de antagonista en el primer videojuego de aventuras.

Con el tiempo, sobre los cimientos de *Adventure* se erigirán otros videojuegos con dracomaquias más elaboradas. Dentro del género, *The legend of Zelda* fundará una saga que a la postre lo cambiará todo. Fuera de él también surgen títulos con reelaboraciones del mito: destacaremos dos ejemplos entre cientos, quizás miles, posibles. El primero es *Dragón Lair* (Cinematronics, 1983), una atípica máquina *arcade* en la que si nuestra memoria y coordinación ojo-mano lo permiten, visualizaremos una divertida dracomaquia concebida por Don Bluth, artista de animación y responsable de varios clásicos de Disney. El segundo ejemplo de lucha con el dragón (fuera del género de acción-aventura) convierte al héroe en un fontanero, pero mantiene intacto el rescate a la princesa y el duelo con el reptil que escupe fuego en las mazmorras del castillo. El adversario por antonomasia, el dragón, lo es también del videojuego por antonomasia, *Super Mario Bros.* (Nintendo, 1985).

TÍTULO ORIGINAL: AKUMAJŌ DORAKYURA (JAPÓN); CASTLEVANIA (USA Y EUROPA).

DESARROLLADOR: KONAMI INDUSTRY CO. LTD.  PAÍS: JAPÓN

LANZAMIENTO: JAPÓN: 1986, PARA EL FAMICOM DISK SYSTEM
USA: 1987, PARA LA NINTENDO ENTERTAINMENT SYSTEM
EUROPA: 1988, TAMBIÉN PARA LA NES

GÉNERO: PLATAFORMA DE ACCIÓN-AVENTURA  TEMÁTICA: FANTASÍA, TERROR

DISEÑADOR JEFE: HITOSHI AKAMATSU  COMPOSITOR B.S.O.: KINUYO YAMASHITA

# 5. DEL HORROR Y SUS BENEFICIOS: CASTLEVANIA Y EL MONSTRUO

El conde Drácula ha despertado de su sueño de un siglo para implantar el terror en tierras transilvanas. Simon Belmont, ilustre miembro de un antiguo linaje de cazavampiros, deberá adentrarse en el castillo del conde para acabar con él y sus secuaces a golpe de látigo. El clásico de Konami es la piedra fundacional de una de las sagas más fértiles y populares del género de plataformas de acción y es de por sí, con independencia de sus secuelas, un título de gran calidad que destaca por su lograda estética y jugabilidad.

## ORIGEN Y CONSAGRACION DE UN GENERO

Sin apenas precedentes en su mecánica más allá de Ghosts'n Goblins (Capcom, 1985), la primera entrega de Castlevania plantea con acierto un conjunto de elementos que serán una constante en los juegos de acción de plataforma. Su apartado gráfico se caracteriza por unos sobrios y trabajados sprites que se mueven sobre detallados fondos, generando en conjunción con las melodías del maestro Kinuyo Yamashita (inspiradas en las Tocatas y fugas de Johann Sebastian Bach), un ambiente gótico inconfundible.

Al insertar el cartucho en nuestra NES (tras varios intentos de que funcione y algunos soplidos), lo primero que vemos en la pantalla es un lejano castillo del que emerge un murciélago: es el castillo del conde Drácula, que da nombre al juego y a la saga. Las imágenes están insertadas en una cinta de celuloide, dándonos a entender que estamos a punto de jugar a una película, una película de horror. Presionamos el botón *Start*.

El control es simple y preciso. La variedad de látigos y de armas secundarias que iremos encontrando por el camino es notable: frascos de agua bendita, cruces hechas con estacas, dagas, hachas, etc. Los movimientos del protagonista ofrecen detalles de gran calidad; un ejemplo del cuidado puesto en su diseño es que tras saltar o caer desde cierta altura, el *sprite* de Simon permanece un instante agachado antes de poder incorporarse del todo otra vez, obedeciendo a una mecánica anatómicamente correcta que deberemos tener en cuenta. El nivel de dificultad del videojuego es alto, tirando a muy alto en los combates contra los jefes finales, auténticos momentos estelares de la saga desde su primera entrega. En cualquier caso, el título sabe matizar su dificultad con la virtud (hoy más común que en las fechas de su lanzamiento) de ofrecer infinitud de *continues* tras gastar todas las vidas, lo que permite suplir con tenacidad y paciencia la falta de habilidad del jugador más torpe.

*Castlevania* consta de seis fases, que se corresponden con sendas secciones del castillo a conquistar. Tratan de impedir nuestro cometido una gran variedad de monstruos procedentes del imaginario de las películas clásicas del cine de terror. En la primera planta nos encontramos con murciélagos, zombis, monstruos del lago y hacia el final, un vampiro gigante. En la segunda fase se añaden al bestiario cabezas de dragón, armaduras fantasmas, las molestas medusas y la Gorgona a modo de jefe final. Fantasmas y esqueletos pueblan el tercer nivel, que ostenta dos momias al final de su recorrido. En la cuarta fase, esqueletos de dragones preceden nuestro duelo con la mismísima criatura creada por el Dr. Frankenstein, acompañada por su ayudante, Fritz el jorobado. En la penúltima fase, tras la aparición de unos caballeros fantasmas, nos enfrentamos con la Muerte y su icónica guadaña. Finalmente, nos adentramos en el último capítulo de la aventura y, tras muchos y peligrosos saltos por las cornisas del castillo en ruinas, subimos por la torre del campanario hasta la guarida donde Drácula duerme en su ataúd durante el día. No obstante, una preciosa luna nueva se asoma por los resquicios de las ruinas del tejado anunciando la noche y la inevitabilidad de la batalla definitiva. El conde Drácula es uno de los jefes finales más difíciles de todo el catálogo de la consola: exige rapidez, precisión y mucha resistencia a la frustración. Añade desespero a la dificultad, el hecho de que haya que vencer al conde dos veces: una bajo su forma humana y otra bajo la forma de un monstruo diabólico (momento en el cual nos ayudará sobremanera tener como arma secundaria los frascos de agua bendita).

El juego acaba con una cinemática del castillo de Drácula derrumbándose, dando paso así a los créditos finales. Por aquel entonces Konami tenía una política similar a la que sostuvo Atari en su día con respecto a la acreditación: prohibir a los programadores firmar los juegos, por temor a que la competencia los identificara y contratara. En consecuencia, los nombres que surgen en los créditos de *Castlevania* son apodos de los programadores que rinden así un curioso homenaje a las obras que inspiran el videojuego. De esta manera el guion es atribuido a Vram Stoker, la dirección a Trans Fihers, Drácula ha sido representado por Cristopher Bee, la Muerte por Belo Lugosi, Frankenstein por Boris Karloffice y la Momia por Love Chaney Jr. Los créditos acaban con el detalle de reconocer que el papel del héroe protagonista Simon Belmont corresponde al jugador, quien ha interpretado el rol principal posibilitando que esta historia de horror tenga lugar.

Las sucesivas secuelas del juego irán implementando nuevos elementos narrativos que independizarán gradualmente la saga de la iconografía del cine de horror clásico, dando paso a una estética más cercana al anime japonés y a una cosmología propia centrada en las gestas del linaje de los Belmont, cuyos miembros deberán enfrentarse a la cíclica resurrección del conde Drácula cada cien años. Su segunda entrega, *Simon's Quest* (1987), de la que nos ocuparemos en detalle más adelante, introdujo mecánicas de los *role playing games* (RPG) y cuenta con igual número de defensores que de detractores dentro de la comunidad de retro jugadores. Nosotros nos posicionamos con los primeros. *Castlevania III* (1989), precuela de los hechos narrados en la primera entrega, será la mejor entrega de la saga para la NES y es el videojuego en el que se basa la popular serie de anime producida por Netflix. En este título Konami retorna a la formula original de la primera entrega, ofreciendo básicamente lo mismo, pero mejorando significativamente todos sus apartados. Las consolas posteriores de 16 y 32 bits contaron con diversos títulos siendo todos ellos excelentes obras, alcanzando la cima de su calidad con *Symphony of the Night* (1997) para Sega Saturn y PlayStation.

*Symphony of the Night* condensa todos los aciertos que la saga había ido implementando hasta el momento, desarrolla con mayor profundidad su cosmología, renueva las mecánicas permitiendo la elección y cambio de jugadores, optimiza gráficos, sonido y jugabilidad, potencia los elementos RPG con un sistema de cartas y propone un desarrollo no lineal basado en la exploración, influenciado por el estilo y la mecánica de *Super Metroid* (1994). Las características de este *Castlevania,* a la postre, definirán el canon del subgénero popularmente conocido como *metroidvania* entre los fans. Mérito adicional del título es su año y plataformas de salida; en una época en que la nueva generación de consolas había impuesto el paradigma del tosco polígono de los primeros videojuegos 3D (viniera o no viniera a cuento), los programadores de Konami decidieron que en 2D todavía no estaba todo dicho.

## PARADOJAS DEL CORAZON

La saga Castlevania basa su estética y argumento en el imaginario propio del terror gótico presente en las películas clásicas del género. Desde los orígenes del cine, el terror ha mantenido su popularidad intacta. Hay géneros que han tenido *su época*, como las películas de romanos, los wésterns, el cine negro o los musicales. No obstante, siempre es la época del cine de terror, un género que jamás pasa de moda y que sabe reinventarse en cada generación. Una buena película de terror es garantía de una sala llena, lo que lleva a las preguntas: ¿por qué nos gusta pasar miedo? ¿Nos puede repugnar y fascinar algo al mismo tiempo? ¿No es esto algo paradójico?

Parte de la respuesta se explica en el hecho de que el terror que pasamos en una sala de cine no es auténtico; es un sentimiento estético sucedáneo, es «terror artístico», derivado artificial de su original y no comparable con el sentido ante una amenaza real. En la sala de cine o en el sofá del salón nos atemorizan seres que sabemos que no existen, a la par que nos sabemos en un lugar seguro. A la explicación de por qué consumimos miedo habría que añadir el concepto de *catarsis* («depuración», en griego) descrito por Aristóteles en su *Poética* que, tras analizar la reacción de los atenienses al contemplar las tragedias, concluye que los espectadores sufren conjuntamente con el *prot-agonista* (el «primer sufriente», en griego) su destino en el escenario, y purgan en las emociones del héroe trágico, las propias, gracias al milagro de la empatía. Las películas de terror cumplen con esta función depuradora de la que nos hablaba el estagirita al permitirnos liberar, a saltos y a gritos desde la butaca o el sofá, el miedo que llevamos dentro.

El miedo es una emoción humana útil a la par que desagradable. Conforma nuestra estructura emocional primaria junto a otras cuatro compañeras: la ira, la alegría, la tristeza y el asco. Todas estas emociones tienen su razón de ser en términos evolutivos y nos han permitido llegar hasta aquí como especie. El miedo, en concreto, nos avisa de un peligro para que actuemos en consecuencia. En el reino animal, podemos distinguir cuatro tipos de reacciones ante el miedo: el ataque, la huida, fingir la muerte o demostrar conductas de sumisión. El ser humano, tan dado a temer, ha integrado las cuatro respuestas entre su repertorio y ha añadido una que le es específica: la valentía, que es la capacidad de superar el miedo; es decir, actuar a pesar de este. El valiente no niega el miedo, pero tiene la suficiente entereza como para comportarse como si no lo sintiera, atesora suficiente fortaleza y voluntad como para no claudicar en sus cometidos a causa de una emoción tan primaria. Es pues el miedo condición de posibilidad de la valentía y por eso alguien que no siente miedo no podrá ser valiente, solo temerario.

Al igual que los pokémon, los miedos se dan en multitud de tamaños, formas y colores. Los hay útiles y reales y los hay inútiles e imaginarios (la inmensa mayoría de miedos que experimentamos pertenecen a esta categoría porque la imaginación y el miedo suelen retroalimentarse). Los hay antiquísimos y los hay nuevos. Los hay sanos y los hay patológicos. Los hay concretos y los hay difusos. Los hay individuales y los hay colectivos. Estos últimos miedos han sabido concretarse, a través de expresiones artísticas y creaciones literarias, en entidades temibles capaces de encarnar la ansiedad colectiva de alguna época particular. Entre estas entidades brillan con luz propia los monstruos.

## INGREDIENTES PARA CREAR UN BUEN MONSTRUO

Desde la noche de los tiempos los humanos han imaginado seres abominables donde proyectar sus miedos colectivos. Estos monstruos cumplen, en mayor o menor medida, con una serie de características tales como el ser repulsivo y amenazante (asco y miedo combinan realmente bien); el ser difíciles de categorizar por no ser puramente nada, por ejemplo, no ser ni hombres ni lobos o ni vivos ni muertos: en este sentido son impuros, indefinidos y/o amorfos; y el estar compuestos por una fusión o superposición de categorías distintas (como los personajes de los sueños, que pueden ser varias personas a la vez obedeciendo al principio de condensación descrito por Freud en *La interpretación de los sueños*). Otras características comunes del monstruo son: el saltarse los tabús más sagrados de la sociedad; el estar acompañados por seres de la naturaleza acordes a su repulsión; el manifestarse masivamente, magnificando su tamaño; y el ser imposibles bajo el prisma de la ciencia y la razón.

## LA NOVELA GOTICA

Cumpliendo con estas características, el monstruo moderno (piedra angular del cine de terror) tiene su origen en la novela gótica, género que forma parte de la corriente intelectual y artística que denominamos Romanticismo, de gran influencia en los siglos xviii y xix. El Romanticismo surge en respuesta a los excesos racionalistas de la Ilustración. Tras el deslumbramiento inicial del Siglo de las Luces, el empacho del empirismo inglés y la resaca del racionalismo continental, surgió la necesidad de reivindicar todo aquello reprimido por los ilustrados: lo emocional ante lo racional, lo subjetivo ante lo objetivo, lo intuitivo ante lo lógico, lo sublime ante lo bello y lo sobrenatural ante lo natural. Un auténtico cambio de enfoque en el que el espíritu de los tiempos empezó a soplar en otra dirección, como para compensar cierto exceso. Ahora bien, no todo es pasión y fantasía en la novela gótica, sus monstruos son explicados desde la misma visión naturista de la Ilustración y se dan en entornos científico-racionalistas, dialogando con la ciencia; sospechando de ella. Idea sintetizada en el famoso grabado de Goya donde puede leerse la frase: «El sueño de la razón produce monstruos».

Curiosamente, sabemos la fecha y el lugar exactos del nacimiento de los dos monstruos principales del terror gótico. La noche del 16 de junio de 1816, una espectacular tormenta causada nada más y nada menos que por la explosión de un volcán en Indonesia —que había afectado gravemente al clima a nivel mundial por la cantidad de ceniza y partículas lanzadas a la atmósfera, propiciando un año sin verano— confinó en la villa Diodati, casa de campo a orillas del lago Lemán en Ginebra, a los grandes poetas Percy Shelley y Lord Byron, acompañados el primero de su joven esposa Mary (de apenas 18 años) y el segundo de su apocado médico personal, fiel amante y aficionado a las letras, John Polidori.

Los poetas románticos confinados decidieron, inquietos por la persistente oscuridad generada por la tormenta y la lectura de unos cuentos tradicionales alemanes plagados de fantasmas, retarse entre ellos para ver quién era capaz de escribir la historia de horror más espantosa antes de que saliera el sol. Durante aquella noche que duró tres días, los monstruos ignoraron a los dos consagrados poetas y prefirieron ser canalizados a través de plumas menos pretenciosas. Mary Wollstonecraft Shelley dio a luz al inmortal *Frankenstein, el moderno Prometeo* y el bueno de Polidori alumbró *El vampiro,* primera formulación romántica del mito proveniente del folclore europeo de un no muerto que se alimenta de sangre humana para vivir. Más tarde otras novelas góticas importantes como *Carmilla* (1872) de Sheridan Le Fanu y sobre todo *Drácula* (1897) de Bram Stoker acabarán de perfilar la figura del vampiro moderno, criatura prolífica que heredarán teatros, salas de cine y consolas.

## MONSTRUOS Y PANTALLAS

Ambos monstruos hicieron apariciones muy tempranas en el cine, destacando *Nosferatu* (1922) de Murnau, obra maestra del cine expresionista alemán. Este cine de vanguardia influenciará con sus temáticas tétricas y fotografía basada en las sombras a las películas de la productora norteamericana Universal. El ciclo de obras de terror producidas por la compañía entre los años 1931 y 1948 fue una especie de expresionismo americanizado y, por lo tanto, simplificado, con argumentos menos intelectuales e intrincados que buscaban ser inteligibles para el gran público. Elementos acuñados en estas películas como el científico loco (*mad doctor*), la chica que grita ante el monstruo (*scream queen*) y el monstruo en sí mismo, serán marcas inseparables del género. Su trinidad malévola, el conde Drácula, la criatura de Frankenstein y el hombre lobo, adquirirán aquí sus rasgos definitivos y revisitarán las pantallas una y otra vez desde entonces.

Abre el ciclo el *Drácula* (1931) de Tod Browning, donde el conde es interpretado por el icónico actor húngaro Bela Lugosi. Le siguen genialidades del calibre de *El Dr. Frankenstein* (1931), *La momia* (1932) o *El hombre lobo* (1941). Con el paso de los años la productora se embarca en una espiral de secuelas de calidad decreciente con argumentos que involucraban a la parentela de las criaturas como *La hija de Drácula* (1936) y *crossovers* inauditos como *Frankenstein vs el hombre lobo* (1943). Excepcionalmente, es una secuela la película más celebrada por crítica y público: *La novia de Frankenstein* (1935) de James Whale, donde el monstruo vuelve a ser encarnado por el carismático actor británico Boris Karloff. El ciclo se cierra con la película *Abbot y Costello contra los monstruos* (1948) completando su periplo del espanto a la risa. Tras su sobreexposición, los monstruos han caído en la caricatura y ya no dan miedo; al reírnos de ellos los hemos desautorizado.

El horror de estas criaturas malignas vuelve a reverdecer de la mano de la productora británica Hammer, que expondrá sus monstruos en las salas de todo el mundo desde mediados de los cincuenta hasta finales de los setenta. En contraste con la contención de la Universal, que sugería más que mostraba, la violencia y el sexo son más explícitos en las películas de Hammer. Si la productora norteamericana había inaugurado el sonido en el cine y con él la capacidad de espantar del grito, del aullido o del silencio, la británica estrena el color y por eso la sangre que chorrea en abundancia por colmillos y escotes es de un rojo imposible. Directores como Terence Fisher y actores como Christopher Lee o Peter Cushing serán los nombres propios encargados de encarnar a los monstruos en este nuevo ciclo de películas de presupuesto ajustado y autenticidad insobornable. Destacan entre sus (literalmente) centenares de producciones *La maldición de Frankenstein* (1957), *Drácula* (1958) y *Las amantes vampiro* (1970).

Son aquellos clásicos de Universal y Hammer (y lo comprobamos gracias a los créditos del propio videojuego) los inspiradores de la estética del primer *Castlevania*. Ahora bien, fuera de la saga de Konami, los monstruos que nos ocupan tienen multitud de representantes en el videojuego clásico. Para empezar, cabe mencionar los videojuegos salidos para SNES y Megadrive: *Bram Stoker's Drácula* (Sony, 1993) y *Mary Shelley's Frankenstein* (Bitt Studios, 1994). Ambos destacan por sus buenos gráficos y ambos fallan en su jugabilidad. Son títulos basados en películas y por norma general los videojuegos clásicos que salieron al amparo del éxito cinematográfico del momento fueron un fiasco; el ejemplo más destacado fue *E.T. the Extra-Terrestrial* (1983), pero *Cazafantasmas* (1987), *Back to the Future* (1989) o *Karate Kid* (1987) son videojuegos aún peores. Por contra, excepciones destacables son *Batman* (1989) de NES o cualquiera de los dos *Aladdin* (1993) salidos para las 16 bits de Sega y Nintendo. Volviendo a los videojuegos en los que aparecen nuestros monstruos, entre los que sí vale la pena probar destacan: *Nosferatu the vampire* (Piranha, 1986), un juego de aventura para Amstrad CPC, notable a nivel visual y sonoro, con un diseño 3D isométrico y un argumento inspirado en la película expresionista; *Dracula The Undead* (Handmade Software, 1991) para Atari Linx, una delicia de aventura gráfica al estilo *point and click; Monster in my Pocket* (Konami, 1992) para NES, notable plataformas de acción donde podemos controlar a Drácula o al monstruo de Frankenstein; y *Master of Darkness* (Sims Co., 1992) para Master System («el *Castlevania* de Sega», para entendernos).

Estos monstruos no han parado de renacer para llegar hasta nuestros días en nuevas novelas, películas y videojuegos que desbordan el marco temporal que nos ocupa. Surgen en fluida abundancia desde hace, por lo menos, trescientos años. ¿De dónde proviene su inmortalidad? ¿De la sangre que beben? ¿De la electricidad que les da vida? ¿De la luna llena que los transforma? Probablemente, su longevidad se explica por su alta capacidad alegórica, lo que posibilita asimilar miedos sociales en su iconografía. Dicho de otra manera, estos monstruos mantienen su vigencia porque actúan como metáforas que permiten hacer tangibles las pesadillas colectivas de diferentes generaciones.

## EL MODERNO PROMETEO

El temor colectivo representado bajo la figura del obcecado científico Víctor Frankenstein y su criatura es la del miedo a nuestro conocimiento; particularmente, el recelo ante el avance científico desbocado. El subtítulo de la novela de Mary Wollstonecraft Shelly nos da una pista clave: «El moderno Prometeo». Recordemos que en la mitología griega Prometeo era un gigante que robó el fuego a los dioses del Olimpo para entregárselo a los humanos. Como respuesta a esta transgresión, Zeus, el dios más poderoso del panteón olímpico, decretó un doble castigo: a Prometeo lo encadenó en una roca del Cáucaso y ordenó que un águila devorara su hígado cada noche, pero como este se regeneraba durante el día, su sufrimiento era eterno. Al ser humano, a su vez, le envió a Pandora con una jarra que contenía todos los males que puedan imaginarse.

El fuego robado, capaz de dar calor al cuerpo, cocer los alimentos y fundir los metales, representa la capacidad técnica adquirida por los humanos. El mito de Prometeo subraya la vinculación existente entre técnica, progreso, conocimiento y sufrimiento. Todo avance humano tendrá su castigo, y todo aprendizaje su proceso de dolor. Es fácil identificar la humanidad con la figura de Prometeo encadenado, quien sufre el eterno castigo causado por el robo del fuego, es decir, por la adquisición de conocimientos que posibilitan progresos técnicos de imprevisibles consecuencias que convierten al ser humano en un extraño ante la naturaleza y ante los dioses. El castigo eterno del gigante y la caja repleta de males de Pandora representan las consecuencias del saber acorde con la máxima griega de *a mayor conocimiento, mayor dolor*.

Mary W. Shelley traslada el mito del que escribió Esquilo a su tiempo, en el que una serie de descubrimientos inauditos presagian unos males inéditos: la electricidad hacía poco tiempo que había sido atrapada por la cometa de Benjamin Franklin y el mundo estaba siendo colonizado por la máquina. Este es el contexto de la novela, donde el verdadero monstruo no es la criatura (a quien erróneamente muchos llaman Frankenstein, error por metonimia que comparte con Link, a quien muchos llaman Zelda). La criatura es un ser desvalido, trágico e infeliz, que nos causa más compasión que espanto por su fealdad y desamparo ante un mundo que lo rechaza por ser diferente. El verdadero monstruo a quien temer es Víctor, el *mad doctor* o científico loco, que en nombre del saber y del progreso desestima cualquier tabú y realiza un acto de *hybris*, es decir, de desmesura, exceso y transgresión al jugar a ser dios y engendrar vida allá donde debería haber muerte. El Dr. Frankenstein y todos los *mad doctors* que le siguieron son capaces de todo por cumplir su ideal, que entienden confirmado por la razón y la ciencia. Las novedades técnicas y científicas de la modernidad tardía anunciaban un nuevo mundo de dioses y monstruos dispuestos a dejar pequeñas en comparación las atrocidades de la época del terror vivida tras la Revolución francesa. La novela intuye este horror venidero; el nuevo poder tecnocientífico iba a costar un alto precio en muerte y sufrimiento. Lastimosamente, la historia del siglo xx elevó la condición de Mary Wollstonecraft Shelley de novelista a profetisa.

## EL PRÍNCIPE DE LAS TINIEBLAS

La figura del vampiro la encontramos bajo diversidad de formas en multitud de culturas. La variante gótica, que es la que nos es familiar, tiene su origen en el folclore centroeuropeo. Durante la Edad Media el Viejo Continente fue azotado por crueles epidemias que causaron gran mortandad y fue común en muchos poblados encontrarse con la situación de que enormes cantidades de cadáveres debían enterrarse aprisa y bajo condiciones precarias. Eventualmente, debido a la acumulación de gases, algún cuerpo enterrado a poca profundidad pudo resurgir a la superficie y contaminar su entorno. En estas circunstancias, clavar estacas en los cadáveres era una solución razonable. Por otro lado, la fisiológica variable de la muerte y el retorno del más allá de personas catatónicas o dadas por muertas prematuramente, apuntaban al vampiro como una explicación precientífica satisfactoria. Hechos parecidos a los descritos sumados a ciertos desvaríos teológicos de la época dieron como resultado una «epidemia de vampirismo» en la Europa del este durante los siglos xvii y xviii, paralela a la «epidemia de brujas» que sufrió la Europa occidental. En ambos casos Iglesia, Estado y superstición popular aunaron delirios, causando grandes estragos entre la población más crédula y vulnerable.

La novela gótica tiñe de romanticismo a este vampiro folclórico, desarrapado y rústico campesino que volvía de la muerte, y lo convierte en un elegante aristócrata. Sus huestes de súcubos e íncubos heredan también la dignidad de la alta alcurnia. Más tarde, el cine aumentó su sofisticación completando una estética del mal que ha revelado ser altamente polivalente en lo que refiere a representar ansiedades colectivas. Por ejemplo, en el conde Drácula el europeo de la época victoriana podía temer *al otro*, al extranjero, a un ser venido de lejanas tierras incivilizadas para amenazar con sus diferencias el equilibrio autóctono en un acto, quizás revanchista, de colonialismo inverso. El vampiro también puede expresar el temor al mal moral, a la perdición, a la mentira y a la muerte. En este sentido, el mito de Drácula se articula como el reverso tenebroso de Cristo, que es «el camino, la verdad y la vida» para el cristiano. Al igual que Jesús, el vampiro muere para después resucitar y ambos relatos se basan en vincular el poder de la sangre con la vida eterna. Pero en Drácula todo se da de manera invertida: si Cristo resucita al alba, el vampiro lo hace en la noche, mientras Cristo muere en un madero, Drácula muere si se le clava una estaca. Cristo da su sangre para que los muertos vivan, mientras que Drácula se la extrae a los vivos para rejuvenecer a los muertos. En definitiva, en la figura de Drácula el romanticismo encontró la manera de rejuvenecer el miedo al Anticristo medieval.

Pero quizás la metáfora reconocible en el conde que más aterra (para según quién) es la del goce en la sexualidad femenina y el adulterio. La novela *Drácula* del irlandés Bram Stoker está escrita durante los estertores de la era victoriana, una época mojigata e hipócrita en todo lo que a sexualidad se refiere y especialmente represiva con la mujer. El imaginario anglosajón proyecta en los vampiros el deseo erótico femenino y su realización, vinculándolos a fuerzas diabólicas capaces de hipnotizar y anular la voluntad de castas esposas hasta arrastrarlas a la ignominia y la muerte. *Eros* y *Tánatos* bajo los corsés. Los latinos, con menor complejo y mayor franqueza, explicamos lo mismo con el relato de Don Juan Tenorio. Es pues Drácula, también, un retorcido Don Juan eslavo donde el anglosajón podía proyectar el pavor que le causaba la extraña idea de que las mujeres pudiesen ser sujetos sexuales autónomos y poseer cuerpos deseantes.

Otros monstruos también cumplen análoga función metafórica. Los zombis, por ejemplo, encarnan el miedo a ser absorbidos por la masa acrítica víctima de la sociedad de consumo mientras que el hombre lobo nos pone en guardia ante los instintos que llevamos dentro y los peligros de ignorarlos. Todos exigen, para su completa manifestación, el acto climático de destrucción del monstruo por parte del héroe que nos reconforta como lectores, espectadores o jugadores obedeciendo al mecanismo de catarsis ya explicado.

## LA CATARSIS LUDICA

En el manuscrito original de Stoker el castillo se derrumba tras la muerte del conde; no obstante, en el libro impreso no. Fue un cambio de última hora del escritor, quizás para evitar concomitancias con el final de *La caída de la casa Usher* de Poe. Curiosamente, el derrumbe del castillo se mantiene en los créditos finales del primer Castlevania y es la cinemática-premio que nos enseña el juego tras la catarsis producida con la muerte del conde.

Esta catarsis funciona obedeciendo a la mecánica descubierta por el filósofo en la que contemplar el horror, la crueldad y la desgracia del protagonista nos reconforta porque produce una salida liberadora de las emociones implicadas en los hechos trágicos. Pero para que sea efectiva la contradictoria situación en la que contemplar el mal nos hace bien, es condición *sine qua non* que nos identifiquemos con el protagonista de la tragedia; solo así surgirá la empatía necesaria para que la depuración de las emociones se dé en su clímax.

*Castlevania* no solo abrió la puerta a que la riqueza metafórica del conde y sus huestes impregnaran el mundo del videojuego sino que también ejemplifica una nueva forma de catarsis que nace con el videojuego y que tiene dos diferencias significativas con la descrita en la *Poética*: por un lado, el sujeto de la catarsis no se mantiene pasivo ante el drama, sino que su participación es imprescindible para el desarrollo de la historia; y por otro, y como consecuencia de la anterior, la identificación del sujeto con el protagonista es total. Ambos aspectos de esta nueva forma de catarsis (que podríamos llamar *lúdica*), multiplican su efecto depurador y liberador.

Los *gamers* conocemos muy bien la *catarsis lúdica*. Suele llegar precedida por un cambio de postura (a veces fruto de la pérdida de una vida de manera absurda): enderezamos la espalda y nos inclinamos hacia la pantalla y aferrando el mando con decisión nos decimos a nosotros mismos: «Ahora sí, a jugar en serio». Si todo va como tiene que ir, celebramos la muerte del jefe final con un grito de júbilo. Y si este es Frankenstein o Drácula, trescientos años de miedos colectivos acumulados son destruidos por nuestro látigo. Hemos sido valientes, no le hemos hecho caso al miedo. El castillo del vampiro se derrumba. Catarsis.

TÍTULO ORIGINAL: DRACULA II: NOROI NO FUUIN (JAPÓN);
CASTLEVANIA II: SIMON'S QUEST (USA Y EUROPA).

DESARROLLADOR: KONAMI INDUSTRY CO. LTD.    PAÍS: JAPÓN

LANZAMIENTO: JAPÓN: 1987, PARA EL FAMICOM DISK SYSTEM
USA: 1988, PARA LA NINTENDO ENTERTAINMENT SYSTEM
EUROPA: 1990, TAMBIÉN PARA LA NES

GÉNERO: PLATAFORMAS DE ACCIÓN-AVENTURA    TEMÁTICA: FANTASÍA, TERROR

DISEÑADOR JEFE: HITOSHI AKAMATSU    COMPOSITOR B.S.O.: KENISHI MATSUBARA

# 6. OBSESION Y VENGANZA EN TRANSILVANIA: CASTLEVANIA II, UNA SECUELA ATIPICA

La acción se sitúa en Transilvania en el año 1698, siete años después de los sucesos narrados en *Castlevania*. Mientras Simon, protagonista del primer juego, descansa en las tierras ancestrales de los Belmont y se recupera del órdago de su enfrentamiento con Drácula, un extraño abatimiento físico y mental parece cernirse sobre él. Una noche, una etérea presencia femenina le advierte que, en el momento de batir a Drácula, este le lanzó una maldición a él y a toda Transilvania, que vuelve a estar poblada de monstruos. De no deshacer pronto el maleficio, Simon Belmont perecerá y la región volverá a quedar a merced de las fuerzas de la oscuridad. Al parecer, la única manera de cumplir tal objetivo es resucitar al conde para destruirlo de una vez por todas. Para traer de nuevo a la vida a su archienemigo, Simon deberá reunir las cinco partes restantes del cuerpo de Drácula, esparcidas y escondidas en cinco mansiones repletas de poderosas criaturas malignas que las guardan. Una vez en posesión de las cinco, el protagonista deberá volver al castillo del conde y quemarlas en una pira, para invocar a Drácula y terminar definitivamente con su maldición.

## UNA SECUELA POCO ORTODOXA

Treinta años después de la aparición del juego, acometemos la tarea de acabar (otra vez) con la maldición del conde Drácula de una vez por todas (con la excepción de casi todas las entregas posteriores).

Lo primero que salta a la vista al comenzar el juego es una significativa mejoría en los gráficos, en la elección de colores predominantes y en la variedad de la música, en comparación con la entrega anterior.

En lo que respecta al apartado gráfico, el salto cualitativo es evidente. Tanto el personaje principal como los diversos enemigos a los que se enfrenta, así como los diferentes escenarios del juego, aparecen mejor definidos. Como asumiendo por fin la naturaleza macabra de su trabajo, el propio Simon Belmont cambia su atuendo a tonos más lúgubres, con predominio del negro y el rojo. La paleta de colores, más oscura y sobria que en el Castlevania original, es en general un acierto y la tonalidad emocional que crea acompaña mejor la historia y la acción. Inmediatamente, consigue hacernos el juego más atractivo.

Y es que el tono de la entrega es, en general, más tétrico y contenido que el frenesí *arcade* de la anterior. En todo caso, a pesar de tratarse de un juego destinado a un público más maduro, sigue siendo un exponente de *terror ligero*, que permite recrearse en una atmósfera monstruosa, pero sin verdadero horror, ni gore, ni sobresaltos.

La música es otro aspecto del juego que conecta inmediatamente con el jugador, por la atmósfera inconfundible que crea. El compositor es Kenishi Matsubara, cuyo trabajo en *Castlevania II* ha sido reconocido y elogiado por temas como «Message of Darkness», «Requiem» (al terminar el juego y saberse el desenlace) y, especialmente, «Bloody Tears», un clásico de la franquicia que hace su primera aparición en esta entrega y cuya escucha evoca instantáneamente peligrosas jornadas a través de bosques plagados de monstruos.

En el apartado de la jugabilidad, y sin desmerecer los aciertos de la primera entrega, sorprende gratamente la mayor precisión del control sobre las acciones básicas del personaje: la ejecución de los movimientos responde mejor en el tiempo, lo cual mejora los saltos y, sobre todo, el uso del látigo.

# PERDIDOS EN TRANSILVANIA

Muy pronto, sin embargo, pasada la novedad del primer poblado y el bosque adyacente, se tiene la sensación de no saber dónde ir: a diferencia de la primera entrega (que casi no gasta la flecha izquierda del mando de la NES), en *Castlevania II* es el jugador quien en todo momento decide hacia dónde encaminar los pasos de Simon Belmont.

El hecho de no tratarse de un juego lineal, y de tener inventario, niveles de experiencia para el protagonista, personajes con quienes interactuar e iglesias donde curarse, lo acerca mucho más al *role playing game* (RPG) que al *arcade*. Eso engancha de inmediato y le añade atractivo.

Siendo totalmente honestos, la introducción de los niveles para el personaje se hace de manera más bien torpe, con un sistema de corazones que no acaba de tener sentido y sin grandes mejoras o prestaciones al subir de nivel. El sistema, en general, queda como a medio hacer. Afortunadamente, lo anterior no influye negativamente en el juego, ya que con un nivel tres o cuatro (de un máximo de siete) se puede terminar el juego sin mayores problemas.

El hecho de poder hablar e interactuar con otros habitantes de los pueblos y personajes diversos es un gran acierto, que enriquece la trama y permite además matizar la intensidad y el ritmo del juego. Esto se nota, por ejemplo, en la aparición de rutinas como la de invertir tiempo luchando en el bosque para reunir corazones y experiencia, y después volver al poblado más cercano a curarse y comprar artículos para el inventario; secuencia típica de juego en un RPG.

En esta dirección apunta también el que haya comerciantes, iglesias y objetos que obtener a partir de ciertos personajes o a través de la exploración. Este último aspecto, sin ir más lejos, es una de las novedades más apreciadas de *Castlevania II* y marca la iniciación de la franquicia en el concepto de *mundo abierto*, presente en muchas entregas posteriores.

El cambio entre noche y día está muy bien implementado, tanto en lo que respecta a los escenarios como al aumento de dificultad de los enemigos. Esta nueva dinámica en el uso del tiempo, más allá del simple temporizador del Castlevania original, da variedad a la acción, a los escenarios y a la música, pero sobre todo enriquece la manera de jugar, ya que implica cierta planificación a la hora de acometer ciertas acciones.

Como hemos dicho antes, estos cambios evidencian que *Castlevania II* ha sido concebido para un público algo más maduro que el de la primera aventura de la saga. Y es que, aunque denostado por algunos, *Simon's Quest* es en realidad el primer Castlevania «moderno»: el que, por todos los aspectos mencionados anteriormente, se parece mucho más a algunas de las entregas posteriores (especialmente, al *Symphony of the Night* de PlayStation de 1997) que al original.

## DERROTANDO A DRÁCULA, OTRA VEZ

Cuando finalmente es capaz de reunir las cinco partes, después de batallar incansablemente con hordas de abominaciones lanzadas en su contra y terminar con varios jefes demoníacos en diferentes mansiones, Simon se dirige hacia el castillo del conde para cumplir con su cometido final.

Un uso hábil de la máxima *menos es más* por parte de los programadores hace posible que en las últimas etapas del juego se vaya notando un ambiente más tétrico: los pueblos están más vacíos, sus pocos habitantes son hostiles o directamente desvarían, y el paisaje consiste principalmente en cementerios y ciénagas venenosas. Incluso el paso del río Styx y la entrada al castillo de Drácula, preludios obligados de la batalla final, resultan temibles por lo solitario del entorno. Como si los elementos y escenarios del juego aguantaran el aliento ante el desenlace fatal.

Al disponer las cinco partes sobre la pira y prenderles fuego, el conde surge de entre las llamas y presenta batalla al protagonista que, tras una ardua lucha (o no tanto, como discutiremos a continuación), emerge victorioso y termina con la maldición vampírica que pesaba sobre Transilvania.

Se suele opinar en diversos foros de *retrogaming* que la batalla final del juego, contra Drácula resucitado, es decepcionantemente fácil. Al respecto, nos vienen dos ideas a la cabeza. La primera, que tal vez esos comentarios se hacen después de haber jugado y ganado el título recientemente, en la época de abundancia de *FAQ*, *walkthroughs* y tutoriales en plataformas de vídeo. En todos esos medios, es fácil descubrir errores de programación como por ejemplo el que permite, si se está en posesión de la daga dorada, despachar al conde de manera inusitadamente fácil. Los juegos de plataformas con batallas contra jefes están repletos de estos *glitches* que permiten acabar el combate por la vía rápida.

Y la segunda es que, ahora hablando en serio, si no se saben trucos como el de la daga, el combate contra Drácula (y sus malditas bolas de fuego giratorias) no es nada fácil. Y quienes suscribimos estas líneas llevamos a cuestas muchos Castlevanias y muchas horas de videojuegos en general.

Si bien al principio del juego experimentamos ya un *amor a primera vista*, el sentimiento se afianza durante el desarrollo del mismo: nos enamora su atmósfera gótica, su (surreal) argumento, la libertad que proporciona el entorno de mundo abierto, y la introducción de aspectos (más propios en su día de un RPG) que enriquecen y mejoran la experiencia de juego.

No se puede terminar este apartado sin recalcar además el carácter pionero de *Simon's Quest*: jugarlo de principio a fin es tener una experiencia reveladora sobre el origen de diversos elementos clásicos de la saga, innegociables ya para la franquicia en entregas posteriores.

## SIMON BELMONT Y EL TRASTORNO OBSESIVO COMPULSIVO

Será nuestra vena mórbida, pero nos divierte sobremanera el argumento básico de *Simon's Quest*: tener que reunir cinco partes del cuerpo de Drácula, para resucitarlo y después volverlo a matar. Nada menos.

Lo de tener que cargar con diversos trozos de la anatomía del conde pretende ser terrorífico, pero jugado en la actualidad, encandila por su ingenuidad (aunque en 1987 ese aspecto del juego ya era visto como bastante macabro).

Ahora bien, lo de resucitarlo para volverlo a matar se lleva la palma por lo mucho que tiene de ritual de comprobación de tipo obsesivo-compulsivo. ¿Y si todo el *Castlevania II* fuera, en el fondo, un gran ritual obsesivo-compulsivo del pobre Simon Belmont? ¿Y si eso fuera, hasta cierto punto, extrapolable a la gran mayoría de juegos?

El trastorno obsesivo compulsivo (TOC) se considera un trastorno de ansiedad caracterizado por la presencia de dos aspectos básicos:

1. Obsesiones: imágenes, pensamientos o impulsos intrusivos, persistentes, que se vivencian como productos mentales inapropiados, y causan ansiedad y malestar significativos.

2. Compulsiones: comportamientos o actos mentales repetitivos llevados a cabo con el fin de reducir la ansiedad causada por las obsesiones, o de prevenir la ocurrencia de algún evento negativo, sin que proporcionen a quien las realiza un verdadero placer o gratificación.[26]

Ya que los pensamientos obsesivos, al incluir frecuentemente ideas sobre provocar daño a otros, provocar accidentes o tener ideas sexuales o religiosas inaceptables, podrían ser considerados desagradables o vergonzosos, las personas que los tienen suelen angustiarse ante la posibilidad de actuar de acuerdo con ellos, y pasan mucho tiempo evitando estas situaciones o revisando que todo esté bien.[27]

Si bien hasta ahora lo que hemos descrito es el trastorno, lo cierto es que los rasgos de tipo obsesivo-compulsivo forman parte de la personalidad de muchos individuos «sanos» y bien adaptados. De hecho, incluso hay épocas del desarrollo humano en que tales conductas repetitivas y rituales son normales y esperables. Estas tendencias, en todo caso, llegan al nivel de trastorno cuando la frecuencia e intensidad de los síntomas es tal que causa al paciente un importante gasto en términos de tiempo y energía, y conducen por lo tanto a una disminución en su funcionamiento laboral, académico o social.

¿Cómo se explica el trastorno? Los psicólogos conductistas centran su atención en los procesos de aprendizaje que causan la adquisición de ciertas tendencias de respuesta. Los teóricos cognitivos enfatizan las formas en las que ciertos pensamientos y estilos de pensar causan efectos no deseados en la conducta de los pacientes. Sin embargo, para relacionar el proceder de Simon Belmont con el TOC, son los psicólogos psicodinámicos quienes acuden raudos a nuestro auxilio: para la mayoría de seguidores de los postulados freudianos, los principales determinantes de

---

26    Asociación Americana de Psiquiatría (APA). (2014). DSM-V, Manual diagnóstico y estadístico de los trastornos mentales. American Psychiatric Publishing.

27    Sarason, I., y Sarason, B. (1996). Psicología anormal: el problema de la conducta inadaptada. Prentice-Hall.

los trastornos de ansiedad son los conflictos intrapsíquicos y las motivaciones inconscientes.

Según Freud (1909), los factores que configuran una típica *neurosis obsesivo compulsiva* son: un deseo (por lo general con un alto contenido erótico o agresivo); una rebelión de la censura ejercida por el Súper Yo (aquella parte de nuestra personalidad, en parte inconsciente, que alberga las normas sociales que hemos interiorizado) contra este deseo, causando un temor contrario de naturaleza obsesiva; una emoción negativa como resultado de la confrontación interna; y el desarrollo de medidas defensivas ante tal afecto desagradable (medidas que acaban configurando la sintomatología del trastorno).

El mecanismo inconsciente de anulación es el que da a las conductas compulsivas su naturaleza dual: actos en dos tiempos, cuya primera parte es anulada por la segunda (el acto compulsivo que se hace para evitar la ansiedad provocada por el pensamiento obsesivo). Un ejemplo es el del paciente que piensa obsesivamente «mi padre va a morir» cada vez que apaga la luz. Este pensamiento le hace dar la vuelta, encender la luz y decir: «Me retracto de este pensamiento». Ejemplos más cotidianos son los rituales de comprobación de la luz, agua o electrodomésticos, que presenta un gran número de pacientes de TOC. Y, al parecer, también algunos cazavampiros.

Y es que es difícil no caer en la tentación de ver la situación de Simon Belmont como un caso obsesivo compulsivo, al analizar la secuencia argumental: Simon mata a Drácula en el juego original, pero eso solo le proporciona un alivio temporal; siete años después, el protagonista sigue doliéndose de las heridas sufridas en la confrontación con el conde y no encuentra la paz mental que anhela. Es entonces cuando recibe la revelación de revivir a su archienemigo para, ahora sí y de una vez por todas, acabar con él. Conducta que no es tan diferente a la del paciente de TOC que, ante la duda sobre si el gas está bien cerrado, abre la válvula para, acto seguido, volverla a cerrar para comprobar así que la tarea está hecha (excepto por la parte de tener que luchar a muerte contra multitudes de criaturas malignas en lóbregos escenarios transilvanos, pero no entraremos ahora en minucias).

Más allá de las posibles interpretaciones del argumento de *Castlevania II*, salta a la vista que diversos aspectos de los videojuegos clásicos tienen un innegable carácter obsesivo compulsivo. Y *Simon's Quest* no es la excepción; aquí una lista que se le puede aplicar, así como a una multitud de juegos *retro* en general:

-Tener que ejecutar los mismos saltos y entablar los mismos combates, una y otra vez hasta poder progresar a la siguiente pantalla (típico de los juegos de plataformas en general, como cuando se tiene que saltar una y otra vez sobre tortugas o setas ambulantes).

-Tener que poner determinado objeto en cierto sitio, en un momento determinado, llevando equipada cierta arma, para poder descubrir un ítem o personaje nuevo, imprescindible para progresar en la aventura (habitual en las aventuras gráficas, como cuando hay que poner una cinta de casete en un equipo de sonido para romper la lámpara que contiene la llave necesaria en Maniac Mansion).

-Repetir, repetir y repetir la misma acción, pero en un orden o secuencia estrictísimos para poder avanzar en el juego (como cuando hay que saltar sobre ciertas nubes en determinado orden para acceder a una puerta escondida en el mundo aéreo de Ironsword).

-El carácter individual, hasta se podría calificar de solitario, de este y muchos otros juegos retro, en comparación con los juegos actuales, que incorporan opciones multijugador y/o juego online. Se trata de un viaje personal e intransferible, en que cada jugador debe cumplir todos y cada uno de los requisitos de la aventura para completarla con éxito. Exactamente como el paciente de TOC, solo ante la ejecución del ritual obsesivo compulsivo que le dará sosiego, por lo menos durante un tiempo.

Estos y muchos otros aspectos sugieren que muchos videojuegos (especialmente los de consolas clásicas), tienen ciertos componentes obsesivo compulsivos que terminan formando parte de su atractivo incluso a día de hoy. Quién sabe si porque, en el fondo, tales juegos nos permiten lidiar con nuestros propios rasgos TOC de una manera satisfactoria, socialmente aceptable y segura. Más segura que como lo hacen los Belmont, en todo caso.

**TÍTULO ORIGINAL: MANIAC MANSION**    **DESARROLLADOR: LUCASFILM GAMES**

**PAÍS: USA**    **LANZAMIENTO(NES):JAPÓN: 1988**
**USA: 1990**
**EUROPA: 1992**    **GÉNERO: AVENTURA GRÁFICA**

**TEMÁTICA: CIENCIA FICCIÓN, PARODIA**    **COMPOSITOR: GEORGE SANGER**

# 7. APUNTAR, CLICAR, REIR: LOS MECANISMOS DEL HUMOR EN MANIAC MANSION

El argumento del juego bebe de numerosos clichés de las películas de ciencia ficción de serie B: Dave Miller, de profesión chico de instituto (y arquetipo ochentero), debe rescatar a su novia Sandy de las garras de un científico loco. Para ello tendrá que infiltrarse en la intrincada residencia del villano y, con la ayuda de dos compañeros (escogidos en función de sus habilidades especiales), superar una serie de pruebas y acertijos para dar finalmente con la damisela en apuros. Todo ello, claro está, sin dejarse capturar por ninguno de los estrambóticos habitantes de la mansión que da título al juego.

# EL TITULO QUE POPULARIZO LA AVENTURA GRAFICA

Para muchos jugadores, *Maniac Mansion* representó un verdadero cambio de paradigma a la hora de hacer frente a una aventura gráfica: de la lucha encarnizada del jugador contra la sintaxis y el diccionario español-inglés, a comandos directos accesibles a un golpe de ratón. De tener que introducir texto, al *point and click* («apuntar y clicar»).

Tal cambio es visto hoy como verdaderamente revolucionario, ya que no solo volvió la interfaz del juego mucho más eficiente e intuitiva, sino que además contribuyó a popularizar las aventuras gráficas entre un público mucho más amplio. Tanto es así, que a lo largo de la década de los noventa vendrían numerosas entregas de sagas como The Secret of Monkey Island, King's Quest, Space Quest, Indiana Jones o Broken Sword o nuevos títulos como *Grim Fandango,* y el género se coronaría como el rey indiscutible de los PC (cuyas características técnicas y manejo a través del ratón resultaban idóneas para estos juegos, un poco como sucede hoy en día con el retorno del género gracias a las pantallas táctiles).

Cierto es que no fue el primer juego en tener una interfaz que prescindía de los comandos escritos a favor del *point and click*: antes vinieron títulos como *Deja Vú,* de Imagic (1985), pero en general se considera que *Maniac Mansion* es el título que consolida y generaliza el modelo a partir de entonces.

Lo anterior se produce en gran manera gracias al SCUMM, el motor de encriptado diseñado por Lucasfilm Games (posteriormente, LucasArts) que servía además de lenguaje de programación fácil de dominar. Esto permitía a los diseñadores crear habitaciones, personajes, animaciones y puzles en mucho menos tiempo, disponiendo así de más horas y energía para centrarse en el acabado del juego, cuya calidad es evidente en todos los títulos de la compañía: donde antes había una pequeña porción de pantalla (bastante bidimensional) en la cual dejarse la vista intentando encontrar objetos, ahora el jugador se encontraba con entornos tridimensionales mucho más detallados e interactivos.

## LA IMPORTANCIA DEL DETALLE

Es destacable el cuidado puesto en la creación de diversos personajes con un carácter y estética muy definidos, en contraposición al aspecto más bien genérico de la mayoría de personajes de aventuras gráficas de la época. La caracterización de cada personaje queda subrayada por la existencia de música específica para cada uno, lo que además aporta variedad al juego. La música de George Sanger para *Maniac Mansion*, de igual manera, resulta un perfecto muestrario de melodías ochenteras para videojuegos, pasadas por el filtro de la música popular norteamericana de la época: hasta siete pegadizas tonadas poperas con ecos de *new wave*.

Los gráficos son muy logrados; los escenarios, llenos de detalles. La dirección artística, en general, contribuye a crear una atmósfera que oscila entre el suspenso y la extrañeza, pasando por diversas situaciones de alivio cómico.

## UNR VUELTR DE TUERCR EN LR FORMULR DE JUEGO

Una de las primeras sensaciones experimentadas al comenzar a jugar es un cierto *déjà vu* de numerosas aventuras gráficas disfrutadas en los ochenta y noventa. Tanto por el aspecto general de gráficos y escenarios como por la mecánica de juego en sí misma, tan definitoria del género. Al poco de jugarlo, en todo caso, *Maniac Mansion* muestra sin ambages su personalidad única (diferenciándose de clásicos como los King's Quest de Sierra On-Line) en aspectos fundamentales como su carácter coral y su sistema de apuntar y clicar.

Todo hay que decirlo, la interfaz gráfica es infinitamente más cómoda usando un ratón: el mando de la NES termina volviéndose bastante engorroso al tener que mover constante y laboriosamente el cursor para navegar por las opciones.

Dejando de lado el mencionado cambio de sistema de introducción de órdenes (de escribir frases completas a clicar directamente sobre la opción escogida) que trajo *Maniac Mansion* y su SCUMM, la principal novedad en lo que respecta a la dinámica de juego es, definitivamente, la posibilidad de ir cambiando de jugador sobre la marcha. El título permite resolver acertijos o superar obstáculos gracias a la posibilidad de disponer de hasta tres personajes con habilidades específicas en tres habitaciones distintas realizando acciones diferentes de manera casi simultánea.

Conforme avanza el juego, se vuelve a experimentar la frustración de tener que repetir, repetir y repetir acciones específicas, y verse obligado a probar mil cosas diferentes hasta poder desbloquear la trama y acceder a una pantalla nueva (muy celebrada y disfrutada por la dificultad de la tarea y por el bienvenido cambio de escenario). No deja de ser, en el fondo, un ejercicio de paciencia y abnegación no muy frecuente en aquello que llamamos el entretenimiento de hoy en día. Como si hoy se diera por sentado que, por ejemplo, en un videojuego, es obligatoria la variedad y frecuencia de escenarios y pantallas nuevas que se suceden todo el tiempo.

La frustración experimentada, sin embargo, suele desembocar en el placer de la exploración, en la recompensa del descubrimiento: ambos aspectos conforman uno de los sellos más propios del género de la aventura gráfica.

## EL RESCATE DE SANDY

Antes de describir los escabrosos y surreales sucesos que precipitan el desenlace de *Maniac Mansion*, es de justicia detenerse un momento a considerar un aspecto del que no se habla lo suficiente: la importancia capital de compartir información entre amigos para poder progresar en los juegos al quedarse uno atascado (la peor pesadilla de los amantes de las aventuras gráficas) ante, por ejemplo, un puzle con soluciones absurdas o rebuscadas. Y todo ello antes de Internet y sus páginas de FAQ, fórums de fans, *walkthroughs* y *video-walkthroughs*.

En nuestro caso, tal función la cumplía (como es habitual) el grupo de compañeros *gamers* de otras clases de instituto con los que quedábamos a la hora del patio para comentar los avances que experimentábamos en los diversos juegos en que nos hallábamos inmersos. De esa manera se formaba una «red de inteligencia» que generaba información imprescindible para progresar en los RPG y, sobre todo, en las aventuras gráficas. ¿Cómo, si no, iba uno a enterarse de que tenía que robar un disco, grabarlo en una cinta de casete, ponerlo a todo volumen y así hacer estallar la lámpara donde se halla escondida la llave oxidada que necesitamos para acceder al área prohibida? ¿Cómo? Solo así nos fue posible completar muchos de los títulos de LucasArts y Sierra On-Line mencionados más arriba.

Nostalgia aparte, cuando los tres héroes del juego consiguen acceder al laboratorio secreto del malvado Dr. Fred Edison, desconectar su infernal maquinaria chupacerebros y liberar a la cautiva Sandy, surge la demencial verdad tras los desvaríos del científico loco. Y es que, al parecer, hace veinte años un meteorito se estrelló en el patio de la mansión de la familia Edison. Tal meteorito resultó ser el *meteoro viscoso asesino* (en glorioso lila ochentero, para más inri), una malévola entidad extraterrestre que, por algún motivo, se dedica a chupar cerebros adolescentes a través de una máquina que ha obligado construir al Dr. Fred Edison a y operar con ella.

Existen diferentes finales posibles: buenos, no tan buenos y directamente malos (a la manera de los populares libros juveniles *Elige tu propia aventura* de la editorial Timun Mas). Las maneras de llegar al final varían en función de los personajes elegidos para jugar la aventura: la mayoría implica el tener que arreglar una radio espacial para contactar con la policía intergaláctica y ponerla sobre aviso del paradero del meteoro viscoso asesino, pero otras incluyen, por ejemplo, ayudar a la entidad alienígena con la corrección de un manuscrito para enviar a una editorial y cumplir así su secreta aspiración de dejar el crimen interplanetario y convertirse en escritor. ¿A quién no se le ocurriría probar eso?

## MANIAC MANSION, VIDEOJUEGOS CON HUMOR Y CHISTES VIENESES DE 1905

Ron Gilbert y Gary Winnick concibieron el juego en 1985 como una parodia de las pelis *sci-fi* de serie B para público juvenil, con predominio de un sentido del humor (desenfadado y con tendencia al absurdo) que pasaría a ser una de las principales señas de identidad del género de la aventura gráfica.

Lanzado en 1987 para Commodore 64 y Apple II, fue portado a NES el año siguiente, no sin un arduo proceso de adaptación del juego (Nintendo Japón consideraba muchos de sus contenidos inapropiados para niños). Parte de la culpa la tuvo el humor del juego.

Y es que el humor de un producto audiovisual es un aspecto para nada trivial: establece el tono afectivo, delimita el público al que va dirigido y contribuye a la serie de rasgos que definen el género al que pertenece.

A lo anterior hay que añadir, además, las vastas diferencias culturales que influyen en la percepción de un determinado contenido como cómico, inocuo u ofensivo.

Y, sin embargo, a pesar de la complejidad de innumerables

factores que condicionan el carácter humorístico de una situación, resulta bastante aceptado que algunos rasgos de la comicidad son comunes a (casi) toda la experiencia humana.

Si bien desde una perspectiva patriarcal, occidental e irreductiblemente academicista, autores como Sigmund Freud se adentraron con espíritu pionero en el fenómeno del humor para intentar entender y explicar de manera definitiva qué es aquello que nos hace reír, o, aún más importante, por qué el hecho mismo de buscar la comicidad (en lo que nos rodea o en nosotros mismos) es uno de los empeños más constantes de la especie humana desde sus inicios; por lo menos, desde que el primer *Australopithecus* dejó caer un pedrusco de grandes dimensiones sobre el pie de un camarada, solo para ver qué sucedía.

Tanto es así que, en el que sin duda es uno de sus ensayos más tediosos (que ya es decir), el célebre psicoanalista vienés aborda el fenómeno en *El chiste y su relación con lo inconsciente* (1905), obra que ostenta el dudoso honor de, a pesar de tratar sobre un tema presuntamente divertido, llevar más de un siglo suscitando en quien lo lee de todo menos hilaridad.

Y en este hecho tenemos ya uno de los aspectos más definitorios del humor en general: si se explica, pierde toda la gracia. Conociendo al personaje, en todo caso, no parece probable que resultar ameno o divertido al escribir fuera una prioridad para el bueno de Sigmund.

Yendo al grano: en su ensayo, Freud acomete la ambiciosa tarea de diseccionar tres aspectos de un mismo fenómeno: el chiste, la comicidad y el humor.

Al abordar los mecanismos del chiste, afirma que tiene un carácter *juguetón*, en el sentido de que busca el placer como fin en sí mismo. Es una irrupción socialmente aceptada del inconsciente y sus contenidos, que al encontrar un medio de expresión produce placer.

El chiste, por lo tanto, exterioriza impulsos y tendencias inconscientes, a través del siguiente mecanismo: se quiere dar salida a una tendencia, ya sea erótica o agresiva; no se puede por impedimentos sociales y/o internos; se expresa por tanto en forma de chiste, burlando la represión y causando la hilaridad del oyente. Según Freud, quien cuenta el chiste experimenta un placer *de la misma fuente* en que se originó el impulso (sexual u hostil), a pesar de que un obstáculo impide el acceso directo a tal fuente.[28]

---

28    Freud, S. (1905). El chiste y su relación con lo inconsciente. En Obras Completas. RBA.

Lo que Freud denomina *chistes hostiles* ofrece un claro ejemplo de lo anterior: si sentimos animadversión por alguien, pero consideramos indigno el insulto, se puede optar por ridiculizarlo y obtener así «el placer de su derrota (de la que es testigo el oyente del chiste)».[29] La prohibición de la agresión física y/o verbal (por normas internas y externas) hace que estos chistes tengan una clara función social de crítica contra figuras de autoridad o gobernantes. El placer surge, en consecuencia, de la satisfacción de una tendencia que sin el chiste habría quedado insatisfecha.

Al hablar de lo cómico, Freud afirma que, si un chiste se cuenta, la comicidad en cambio *se descubre* en los rasgos o conducta de una persona, lo absurdo de una situación o el aspecto de un determinado objeto. Se trata de un «involuntario hallazgo», en sus propias palabras, si bien es cierto que, a partir de ahí, el ser humano también hace surgir artificialmente la comicidad. Según el autor, la manera más socorrida de hacer resultar cómico a un individuo no es otra que colocarlo en situaciones en que es dependiente de (y, a menudo, maltratado por) las circunstancias exteriores y convenciones sociales. Desde Freud, a esto se le llama *comicidad de la situación* o, de manera más reciente, *comedia de situación* (algo así como poner a un grupo de adolescentes ochenteros en una mansión siniestra controlada por meteoritos, tentáculos y científicos dementes y ver qué pasa, sin ir más lejos).

En el caso de lo cómico, el espectador ríe por la *diferencia de gasto* de energía psíquica: ríe de una situación que no ha provocado él ni le sucede a él (y de cuyas consecuencias no tendrá que preocuparse).

En el caso del humor (tema que Freud vuelve a tratar, si bien desde otro punto de vista, en su escrito *El humor*, de 1927), aunque también se realizan transacciones de energía psíquica, el proceso es en cambio solitario: no hace falta oyente ni público para poder gozar internamente de un placer humorístico. El autor (y la amplia lista de intelectuales contemporáneos que este cita) considera el humor como una función psíquica de las más elevadas y de mayor utilidad para la vida de los humanos, sobre todo si tienen que hacer frente a la adversidad. Lo define, entre otras cosas, como «un medio de conseguir placer a pesar de los afectos dolorosos que a ello se oponen y aparece en sustitución de los mismos».[30]

---

29 Ibidem, p. 1085.
30 Ibidem, p. 1166.

El placer del humor surge a costa del desarrollo del afecto cohibido; esto es, del ahorro de un gasto de afecto: en vez de experimentar contrariedad, rabia o tristeza, el humor permite liberar esa energía psíquica experimentando placer.

Como puede verse, en los tres fenómenos estudiados se explica la hilaridad en términos de *economía psíquica* (una de las obsesiones del neurólogo vienés): como energía ahorrada o liberada. Si bien se admite que tanto el chiste como lo cómico pueden servir para expresar tendencias reprimidas o conflictos internos, también se deja claro que su función principal es la de producir placer. ¿Cómo? A través de la liberación de energía psíquica, que produce alivio y distensión.

Sin embargo, y más allá de las consideraciones psicoanalíticas sobre los tres fenómenos antes reseñados, uno no puede dejar de preguntarse si, además de la producción de alivio y placer, el humor (en general, en todas sus manifestaciones) como empresa genuinamente humana no persigue además fines más profundos.

En el tramo final de su escrito, Freud zanja la cuestión de la siguiente manera:

> **En los tres mecanismos de nuestro aparato psíquico proviene, pues, el placer de un ahorro, y los tres coinciden en constituir métodos de reconquistar, extrayéndolo de la actividad anímica, un placer que se había perdido precisamente a causa del desarrollo de esta actividad, pues la euforia que tendemos a alcanzar por estos caminos no es otra cosa que el estado de ánimo de una época de nuestra vida en la que podíamos llevar a cabo nuestra labor psíquica con muy escaso gasto; esto es, el estado de ánimo de nuestra infancia, en la que aún no conocíamos lo cómico, no éramos capaces del chiste y no necesitábamos del humor para sentirnos felices en la vida[31].**

Se puede decir más alto, pero no más claro: aparte de su función de alivio y distensión al proporcionar placer a través de la liberación de energía reprimida; además de su función de expresar, de manera socialmente aceptable, tendencias y conflictos

---

31    Ibidem, p. 1167.

de nuestra vida interior, el fenómeno del humor se nos revela en el fondo como una manera de *reconquistar la infancia* a través de la reconstrucción de aquel estado de ánimo de alegría irreflexiva que entonces nos era mucho más fácil experimentar.

## NOTA FINAL

Con la finalidad de ilustrar los procesos mentales subyacentes a ellos, Freud cita a lo largo de su ensayo numerosos chistes populares de la época y el entorno. De entre todos ellos, el único que nos arranca siempre una sonrisa (serán las tendencias mórbidas) va a continuación:

—¿Qué día es hoy? —pregunta un condenado a muerte a quien conducen a la horca.

—Lunes —contesta uno de los que lo llevan.

—Pues vaya; ¡buen principio de semana! —concluye el reo.

La Viena del cambio de siglo no debía ser el lugar más tronchante del planeta, vaya...

**TÍTULO ORIGINAL:** THE LEGEND OF ZELDA    **DESARROLLADOR:** NINTENDO

**PAÍS:** JAPÓN    **GÉNERO:** ACCIÓN-AVENTURA    **TEMÁTICA:** FANTASÍA MEDIEVAL

**LANZAMIENTO:** JAPÓN: 1986, PARA FAMICOM DISK SYSTEM.
USA Y EUROPA: 1988, PARA NINTENDO ENTERTAINMENT
SYSTEM (NES).

**DISEÑADOR JEFE:** SHIGERU MIYAMOTO    **COMPOSITOR:** KOJI KONDO

# 8. EL MIEDO A HYRULE:
## THE LEGEND OF ZELDA
## Y LA LIBERTAD

Con *The Legend of Zelda* da comienzo la saga de videojuegos de aventura más importante y longeva de la industria. Un mundo extenso, una insuperable banda sonora y una excelente jugabilidad convierten a *The Legend of Zelda* en la joya más brillante del extenso catálogo de la NES.

El videojuego posee muchos elementos propios del rol, como la paulatina mejora del personaje o el uso de dinero para adquirir ítems, no obstante, no es propiamente un RPG a pesar de que frecuentemente es clasificado en esta categoría; este título y todos los que componen la saga encajan mejor en el género de aventura.

## UN EQUILIBRIO PERDIDO Y RECUPERADO

La trama de *The Legend of Zelda* empieza, y esto lo sabemos gracias al manual, con un joven de aspecto élfico llamado Link salvando a una anciana del ataque de unos monstruos que han invadido el reino de Hyrule. La anciana rescatada resulta ser Impa, sirviente de confianza de Zelda, la princesa del reino. Impa informa a nuestro héroe de que la princesa ha sido secuestrada por Ganon, el Príncipe de la Oscuridad, quien ha atacado Hyrule con sus huestes y ha robado su sagrada reliquia, la Trifuerza del Poder.

Para rescatar a Zelda, Link deberá recuperar los ocho fragmentos de otra reliquia sagrada parecida a la robada, la Trifuerza de la Sabiduría, que fue despedazada y sus fragmentos esparcidos por todo Hyrule por la misma princesa con la intención de evitar que Ganon se apoderase también de esta y adquiriese de este modo un poder absoluto.

Espadas, escudos, pociones rojas y verdes, hadas, rupias, bumeranes, arcos y flechas, cetros mágicos, mapas, brújulas, llaves maestras, bombas, libros de magia... y un sinfín de elementos, todos bellos y útiles, son equipados por Link conforme avanza en su aventura. El héroe alternará peleas a campo abierto con la exploración de ocho mazmorras que ocultan los fragmentos de la Trifuerza custodiados por sendos jefes finales. Una vez unificada la Trifuerza de la Sabiduría, Link deberá infiltrarse en la Fortaleza de Ganon ubicada en la cima de la Montaña de la Muerte para afrontar el duelo final con su antagonista.

Si el jugador que lo guía posee suficiente destreza y paciencia, Link logrará su cometido: obtener la *Trifuerza*, rescatar a Zelda y devolver la paz a Hyrule. Como premio de la gesta el jugador recibe la inolvidable imagen del héroe y la princesa blandiendo en alto sus respectivas trifuerzas: Zelda la de la Sabiduría y Link la del Poder. Y aunque el equilibrio y la paz del reino han sido restablecidos, si el jugador vuelve a apretar el botón *start* tras los créditos finales podrá vivir una nueva aventura con mazmorras diferentes. Nadie debería alardear de haber acabado *The Legend of Zelda* sin haber completado esta segunda aventura.

En el caso del título que nos ocupa, la lectura del manual ayuda a la comprensión y disfrute del juego; ofrece pistas y explica la trama del juego sirviéndose de una historieta ilustrada. El cartucho incluía también un mapa parcial de Hyrule muy útil para comenzar la aventura. La inclusión del mapa fue una concesión hecha muy a disgusto por Miyamoto, que cedió a la presión de sus superiores que temían que los jugadores se encallasen colectivamente ante la propuesta inédita de un mundo abierto.

Indudablemente, para el videojugador contemporáneo, poco acostumbrado a la densidad y dificultad de los títulos clásicos, una buena guía y un mapa impreso pueden evitar bloqueos y frustraciones contribuyendo a una experiencia de juego más satisfactoria y plena. Ya que los juegos de la saga de Zelda son complejos, largos y exigentes, debemos convenir que toda ayuda es legítima y que la paciencia y habilidad que Miyamoto presuponía en el niño japonés, muy probablemente, no es aplicable en Occidente. Jugando hoy el título es inevitable admirar la fe en las capacidades infantiles que tenían los programadores del primer Zelda.

## MUNDOS ABIERTOS, ERIC FROMM Y EL MIEDO A LA LIBERTAD

Para 1986, glorioso año del nacimiento de la saga Zelda, un mapeado como el de Hyrule representaba el reino de la libertad en 8 bits; nada parecido se había planteado en un videojuego (quizás, un tímido y matizable antecesor sería Adventure, para Atari 2600). En todo caso, hasta The Legend of Zelda la mecánica de un videojuego respondía en esencia a obedecer las órdenes de los programadores que, por medio de movimientos de fondos y sprites lanzaban, verbigracia: ¡mata al marciano!, ¡huye del fantasma!, ¡esquiva el barril!, ¡salta sobre el champiñón!, ¡dispara al pato!, etc.

Este duelo imperativo entre mandatario y obediente, entre programador y jugador, oculta un trasfondo mercantil que tiene su origen en la lógica de la época del *arcade*, donde el jugador quería jugar el máximo tiempo posible gastando la menor cantidad de monedas posible, mientras el programador buscaba lo contrario. Con la llegada de las consolas domésticas las reglas y los juegos fueron cambiando paulatinamente. Y si bien las consolas de la primera generación mantienen aquella lógica imperativa descrita al ofrecer mayoritariamente *ports* de juegos *arcade* o propuestas en la misma línea, es con la generación de consolas de 8 bits que empiezan a llegar a los televisores de las casas propuestas que exigen algo diferente a la obediencia automática y del aprendizaje del patrón del videojuego. Otro tiempo más sosegado, asociado al salón del hogar, impregna y posibilita otro tipo de jugabilidad.

Por eso con el tiempo las consolas domésticas y ordenadores personales acogerán otros tipos de mundos simulados, con reglas y límites más amplios que trascendían la inmediatez, la meta de la puntuación más alta y el desenfreno taquicárdico de los primeros videojuegos. El ejemplo paradigmático de estas nuevas propuestas es *The Legend of Zelda*.

Y si bien al jugar el primer Zelda también son discernibles los objetivos que cumplir marcados por los programadores, lo que básicamente nos ordenan Takashi y Miyamoto es que exploremos. En consecuencia, aquella sensación frenética de obediencia inmediata a la orden dictada por la máquina disminuye y es substituida por la dulce sensación de libertad, espoleada por la curiosidad que despierta un mapa amplio lleno de secretos. Sabido es, por diferentes entrevistas hechas al maestro, que Miyamoto buscaba emular la sensación lúdica ligada a la curiosidad y a la aventura que tenía de niño al explorar parajes desconocidos en los alrededores de su Kioto natal.

Explorar sin un camino fijo ni un orden preestablecido, respetando la libertad del jugador compromete una serie de facultades netamente humanas. Al jugar *The Legend of Zelda* el intelecto se requiere despierto para resolver los enigmas de las mazmorras; algo de imaginación es necesaria también para complementar mentalmente los mínimos y bellos gráficos que esbozan esqueletos y monstruos; la curiosidad será el motor que lleve a explorar cada rincón del reino en pro de sorpresas; e imprescindibles serán, también, los ejercicios de libertad de cada decisión de Link, atendiendo a que el cómo, el cuándo y el dónde de lo que ocurre en la pantalla dependerán del libre albedrío de quien presione la cruceta y los dos botones ante ella.

Aunque la de Link es una libertad limitada y muy reglada, es precisamente la incerteza que acompaña esta pequeña libertad la que hace que algunos jugadores no se sientan cómodos con el género que *The Legend of Zelda* inaugura y abandera. Las personas que han probado jugar alguna aventura de la saga y la han abandonado inconclusa alegando tedio, probablemente sufren de un miedo a la libertad que disimulan consciente o inconscientemente bajo la excusa del aburrimiento. Nada es aburrido en un Zelda, pero exige pensar, imaginar, tener capacidad de asombro y saber actuar en libertad. No es para todos.

¿Cómo es posible que existan *gamers* a los que no les guste la saga Zelda? Eric Fromm, filósofo y psicoanalista suizo perteneciente a la escuela de Frankfurt, puede ayudarnos a desvelar este misterio con su sencilla y clara teoría del miedo a la libertad expuesta en la obra del mismo nombre[32].

Según nos explica Fromm, durante milenios los seres humanos vivimos de manera tribal, es decir, nuestras vidas se daban de principio a fin dentro de un grupo humano cerrado, una comunidad, un pueblo o un gremio: la tribu. En esta situación, el rol social de cada quien se desarrollaba en función de la supervivencia del grupo, no existiendo espacio para la expresión de la individualidad que se encontraba totalmente supeditada al servicio de la colectividad. Esta falta de libertad individual se concretaba en la inmovilidad geográfica y social de la inmensa mayoría de las personas; es decir, por lo general los hombres y las mujeres ni viajaban ni prosperaban, y morían ocupando el mismo sitio, el mismo rango social y la misma riqueza que tenían al llegar al mundo. Esta manera de vivir, sin libertad individual, se mantuvo constante durante milenios, adoptando diversas formas en nuestro transcurrir histórico hasta pasado el feudalismo medieval.

Con la llegada del protestantismo, Martín Lutero primero y Juan Calvino después, introducen en Europa la idea de la *predestinación de la salvación de las almas*. Por *salvación del alma* el cristianismo de entonces entendía evitar el infierno e ir al cielo tras la muerte, sin mayor matiz. La novedad protestante estriba en poner el foco teológico en *la gracia* de Dios, es decir, el salvo es salvo no por méritos propios sino como regalo gratuito de Dios Padre dado a través del sacrificio en la cruz de su Hijo. La aceptación de este regalo comporta el cielo y su rechazo, el infierno. Ahora bien, Dios eligió desde el inicio de los tiempos las almas salvas y también las que serían condenadas y nada puede hacer la voluntad del ser humano al respecto. La salvación es por fe, no por obra. Para sorpresa de judíos, católicos y musulmanes, esta doctrina cuajó y media Europa la adoptó como propia. El espíritu protestante, emprendedor y viajero, que reconocía en la prosperidad económica una muestra terrenal y una garantía de encontrarse entre los salvos en la otra vida, posibilitó y expandió un ideario donde no solo era posible sino deseable, la movilidad geográfica, económica y social, elementos imprescindibles de la libertad individual que empezó a asomar su cabeza en la historia.

Tras revoluciones, cambios de paradigma y avatares de la

32    Fromm, E. (1994). *El miedo a la libertad*. Paidós.

historia diversos, el sistema capitalista conquistó el mundo. No trajo justicia, ni trajo fraternidad, pero trajo algo de libertad para el hombre en comparación con el Antiguo Régimen. Fromm señala que el ser humano, en su transcurrir histórico, supo *librarse de* la inmovilidad de rol en la tribu y también supo *librarse de* las cadenas de los sistemas premodernos. Pero una vez reconquistó tiempo para sí no supo qué hacer con él. Al ser humano se le ha dado mejor el aspecto negativo de la libertad: el *librarse de* alguna opresión, que el aspecto positivo de la libertad: el *librarse para*. Por eso las cantidades infinitas de posibilidades, inherentes a la libertad, abruman al individuo contemporáneo que, pleno de incertezas, ha perdido la protección, la identidad y el plan de vida que le proporcionaban las comunidades precapitalistas. La vida es hoy una improvisación individual plagada de futuribles inciertos, lo que genera un miedo muy concreto, humano y actual: el miedo a la libertad.

Ante la incertidumbre generada por las opciones vitales que trae consigo la libertad individual, muchas personas reculan en busca de nuevas cadenas (como quien, abrumado por las incertidumbres que generan las opciones de actuar en el extenso mapa de Hyrule, retira el cartucho de Zelda de la consola y coloca el de Mario, sintiendo nostalgia por las órdenes claras de los juegos anteriores: ¡salta sobre el champiñón!).

Una nueva cadena buscada por los nostálgicos de las eras premodernas, una cadena autoimpuesta bastante común que condiciona la vida del ser humano contemporáneo es la opinión de los demás. La mayoría de los individuos elige sus principales opciones vitales, es decir, su profesión, sus gustos y aficiones, sus compañías, sueños y aspecto, basándose en la opinión de los demás. La aceptación del resto suele ser el principal criterio de decisión vital del común de los mortales que, aterrados ante la posibilidad del aislamiento y añorando la aprobación de la tribu, esconden su expresión más genuina detrás de lo socialmente aceptado. Estas elecciones que, consciente o inconscientemente, se originan en la opinión de los demás no son actos de un individuo libre.

La incapacidad de desear nuestro propio sino y la tendencia a elegir lo que socialmente se premia, la enorme dificultad de ejercer libertad, tiene su origen en la propia lógica del sistema que en apariencia la posibilita. El capitalismo ha cambiado la forma de percibir al ser humano en todos los ámbitos según sus lógicas inherentes y en consecuencia percibimos a los otros y a nosotros mismos como mercancías. Por eso nos promocionamos y vendemos en el mercado de los afectos y las opiniones. Esto se traduce en existencias inauténticas y cobardes que, temerosas de expresar su verdadero ser, fingen vidas impostadas ante la mirada del otro.

Sorprende que todas estas tendencias las percibiera Fromm en la sociedad lustros antes de la existencia de las redes sociales, que han magnificado el problema de la mercantilización del ser humano, elevando a ley censora la opinión del otro y convirtiendo al individuo en una marca comercial de sí mismo. Esta represión autoejercida de la auténtica expresión individual o, lo que es lo mismo, el miedo a la libertad, es a juicio de Fromm la causa principal de la angustia, enfermedad del alma que el psicoanalista ya preveía pandémica.

Fromm es tajante al ofrecer una solución al miedo a la libertad: la verdadera expresión de la libertad individual solo se dará a través del trabajo creativo y del amor. El trabajo creativo es aquel accionar humano en el que el individuo expresa lo que realmente es, basándose en sus elecciones genuinas y no en la opinión de los demás. Ahora bien, esta expresión de la creatividad individual necesariamente debe darse combinada con el amor al otro, donde el otro, según la prescripción kantiana, siempre es un fin en sí mismo y nunca un medio para mis objetivos. Solo una vida así vivida puede llegar a ser auténtica, sana y satisfactoria.

Aterrizando esta idea al ámbito que nos ocupa, vemos cómo con la primera entrega de la saga de Zelda el reino de la libertad llega a las consolas. Ante esto se nos plantean dos opciones: o quitar el cartucho abrumado ante las opciones y volver al juego clásico buscando las viejas cadenas de la orden compulsiva, o aceptar la infinitud de posibilidades que llenan Hyrule y la vida misma de incertezas a las cuales temer, pero también de paisajes que descubrir y de males que derrotar. Ejercitar la libertad, ya sea en Hyrule o en la vida real, es sentirse perdidos, ir improvisando y a golpe de fuerza e ingenio hilvanar una historia con sentido.

Otros títulos de NES donde ejercer libertad y lograr que Erich Fromm se sienta orgulloso de nuestra elección auténtica son: *The Battle of Olympus* (Imagineer, 1988), una genial epopeya ambientada en la Grecia arcaica, *Faxanadu* (Hudson Soft, 1987), un clásico título de aventura fantástico medieval y *Willow* (Capcom, 1989), título basado en el popular filme, que recoge la mecánica del primer Zelda superándolo en muchos aspectos.

TÍTULO ORIGINAL: KING'S QUEST (1984)
KING'S QUEST II, ROMANCING
THE THRONE (1985)

DESARROLLADOR (PC MS-DOS): SIERRA ON-LINE, INC.   PAÍS: USA

GÉNERO: AVENTURA GRÁFICA   TEMÁTICA: FANTASÍA MEDIEVAL

DISEÑADORA Y ESCRITORA: ROBERTA WILLIAMS

# 3. ERASE UNA VEZ... LA PRIMERA AVENTURA (REALMENTE) GRAFICA: LOS CUENTOS DE HADAS DE KING'S QUEST I Y II

En King's Quest, el reino de Daventry pasa por un período de graves penurias. El hambre asola la región, criaturas malignas acechan a los súbditos por doquier y el anciano rey Edward el Benevolente agoniza en su trono sin disponer de herederos. Es así que el monarca manda llamar a su caballero más célebre, sir Graham (léase, el jugador), para explicarle que la delicada situación se debe a la pérdida de tres tesoros que deben ser recuperados para devolver la paz y prosperidad al reino: un escudo que defiende de invasores y peligros, un espejo que predice el futuro y un cofre mágico, perpetuamente lleno de oro. Quien consiga devolverlos a palacio heredará la corona de Daventry.

En King's Quest II, Romancing the Throne, sir Graham se sienta ya en el trono del reino, pero empieza a notar el peso y la soledad que vienen con la corona. Determinado a encontrar una reina con quien compartir la dura tarea de gobernar un reino fantástico-medieval pixelado y en 16 colores, recurre al espejo mágico y descubre a una bella doncella atrapada en la gran torre hechizada de un exótico país. De esta manera, el rey deja temporalmente su corona, se pone su célebre gorro alpino (pluma incluida) y se embarca hacia tierras lejanas para volver a vivir un sinfín de aventuras entre personajes de diversos cuentos de hadas y mitologías célebres.

## REVISITANDO AL PIONERO DE LA SAGA

Los títulos reseñados forman el inicio de la longeva serie de juegos King's Quest, concebida por Roberta Williams para la mítica empresa californiana Sierra On-Line, sinónimo de aventura gráfica en los años ochenta y noventa del siglo pasado. A pesar de su importancia y su éxito de crítica y ventas, la saga (y otras series clásicas de Sierra) fue más conocida en las Américas, centro-norte de Europa y el Reino Unido, por una cuestión de localización (que los juegos estaban en inglés, vaya).

En general, tanto la saga de King's Quest como las diversas series de Sierra On-Line que se originaron siguiendo su estela cuentan con un universo propio, personajes curiosos y un sentido del humor característico. Estos aspectos imprimían en sus juegos un carácter único que hacía que los fieles de la empresa estuviéramos siempre pendientes del próximo título lanzado por Sierra. Durante su época dorada, cada juego suyo era realmente una garantía de calidad, humor y desafío: sus aventuras gráficas eran notorias por su dificultad; sin una «red de inteligencia» entre amigos que te sacara de los atascos, resultaba virtualmente imposible superar ciertos puzles.

Como en entregas posteriores de la franquicia, el humor de *King's Quest I* y *II* se basa a menudo en el anacronismo, el absurdo (ese coche de Batman saliendo de la cueva de una bruja) y las referencias a otros títulos de la empresa, a menudo en forma de *easter eggs* esperando ser descubiertos en rincones ocultos (como el tráiler del juego *Space Quest* que presencia atónito *sir* Graham al asomarse al agujero de una roca).

El legado de la saga protagonizada por *sir* Graham y sus descendientes es inmenso. A rebufo del éxito de *King's Quest I* y *II* se produjeron en Sierra On-Line series populares como Space Quest (1986), Police Quest (1987), y Leisure Suit Larry (1987), entre otras. Todas ellas, franquicias longevas con numerosas entregas. Eso sin olvidar experimentos como *Hero's Quest* (llamado también *Quest for Glory,* 1989), logrado híbrido entre aventura gráfica y RPG. Posteriormente, en la era *point and click*, se publicaron sagas de renombre como la trilogía de Gabriel Knight (1993), disputándole el mercado a series de LucasArts tan populares como Indiana Jones (1989) o Monkey Island (1990).

Todas ellas contribuyeron a popularizar y extender el género de la aventura gráfica en general, y el consumo de videojuegos para ordenador (PC), en particular. Contribuyeron, asimismo, a la rivalidad entre jugadores de PC y de consolas, atribuyéndose los primeros la reputación de dedicarse a juegos más largos, profundos y, en resumidas cuentas, más adultos que los de sus adversarios de consolas o recreativas.

Desde el punto de vista afectivo, volver a jugar ambas entregas de King's Quest representa una verdadera experiencia de redescubrimiento, de esas que el *retrogamer* busca perennemente: se siente el placer de recuperar juegos de Ms-DOS que a algunos nos robaron innumerables horas en su momento, así como el desafío de descifrar y dominar las modernas aplicaciones y programas necesarios para volverlos a disfrutar en ordenadores con sistemas operativos actuales. La emoción que se experimenta al ver aparecer en el monitor la pantalla de introducción del juego recordado y anhelado equivale realmente a recuperar un trozo de infancia, sin miedo alguno a exagerar.

## REGRESO A DAVENTRY

Los dos primeros títulos de la serie nos plantean una aventura gráfica fantástico-medieval en la que el jugador controla un personaje en tercera persona, capaz de moverse en ocho direcciones por una serie de pantallas fijas en las que había que estar muy atento a los detalles de cada escenario: lo que se ha dado en llamar *pixel hunting*.

Diseñados antes de la eclosión de las tarjetas gráficas VGA y SVGA, los gráficos de *King's Quest I* y *II* resultan primitivos para los estándares de hoy, pero lo cierto es que fueron revolucionarios para la época: muy coloridos (con una tarjeta CGA a 16 colores, si se tenía la suerte de disponer de monitor a color) y sumamente detallados para mediados de los ochenta.

Cierto es que se echa en falta más música incidental, ya no digamos de fondo: silencio sepulcral mientras se recorren las pantallas, salvo contados efectos sonoros. La verdad es que se acostumbraba a jugar a estas aventuras gráficas con la música preferida de cada uno sonando por los auriculares.

## EN LA PIEL DE SIR GRAHAM

Como se ha dicho ya, *King's Quest I* y *II* se presentan como juegos de aventura en tercera persona con escenarios fijos que van cambiando al desplazarse por las pantallas adyacentes. En este sentido, son herederos de la mecánica instaurada por *Adventure* (Atari, 1979), explicada en su correspondiente capítulo. Tal aspecto es precisamente el que los convierte en los primeros juegos del género de aventura gráfica en que, en el transcurso de la aventura, el personaje es capaz de interactuar en tiempo real con el entorno, mostrando además la acción concreta con una animación específica para la situación (si se ordena al personaje bajar el cubo de un pozo, por ejemplo, este mueve la manivela y se ve como el cubo va bajando por el agujero hasta perderse de vista). Novedad importante respecto a las aventuras conversacionales (en que la práctica totalidad del juego transcurría en forma de texto, con o sin gráficos de fondo) o *semigráficas* anteriores (en que se adoptaba el punto de vista subjetivo del personaje —al que no se veía nunca— para mostrar un escenario estático en el que había que identificar los elementos o personajes con los que se podía interactuar). Lo anterior hace que no sean pocos los entendidos que proponen a *King's Quest I* como la primera aventura —verdaderamente— gráfica.[33]

En las primeras cuatro entregas aún deben introducirse los comandos escribiendo en el teclado del PC las órdenes referidas al personaje, siguiendo un típico esquema verbo-sustantivo (*open door*, por ejemplo). Eso cambia en el célebre *King's Quest V* (Sierra On-Line, 1990), en que la saga pasa al modo *point and click*, por lo que se prioriza el uso del ratón y el cursor sobre varios íconos de acción.

Si bien el ritmo de *King's Quest I* y *II* es más bien ágil y ligero, la dificultad de algunos puzles hace que el hecho de conseguir por fin un cambio de pantalla y acceder así a un nuevo escenario (después de días o semanas atascado en el mismo punto del juego), proporcione una mezcla de triunfo, alivio y maravilla ante el nuevo entorno y sus detalles. Mezcla de emociones que es de sobras conocida para el jugador asiduo de aventuras gráficas, sean o no de Sierra.

---

33   Por ejemplo, el editor de Hardcore Gaming 101, Kurt Kalata, en su exhaustivo The Guide to Classic Graphic Adventures (2011), donde incluso muestra la primera pantalla de King's Quest en el monitor del ordenador que aparece en la portada del libro.

En consonancia con lo anterior, resulta imposible no estar de acuerdo con periodistas especializados como Stephen Poole cuando afirman que uno de los grandes atractivos de los videojuegos es precisamente el de la «emoción estética del asombro»; emoción que producen «con pasmosa regularidad»[34]. Y es que las buenas aventuras gráficas, si algo garantizan, son grandes dosis de exploración y descubrimiento, cuyo placer se potencia con la dificultad.

Sin embargo, y a pesar de los puzles antes mencionados, lo cierto es que para un adolescente o adulto, la dificultad tanto de *King's Quest I* como de su secuela es más bien baja (si se tiene atención selectiva, razonamiento lógico y, sobre todo, un mínimo de paciencia).

El tono afectivo de ambas entregas es inocente, cándido, incluso un poco infantil, aunque no exento de autoparodia. Cierto es que aparecen situaciones y personajes de cuentos de hadas, pero siempre con recochineo y algún giro humorístico.

## RECLAMANDO EL TRONO

Tanto *King's Quest I* como su secuela son cortos para los parámetros de las aventuras gráficas actuales (algo más de media hora cada uno, si se sabe dónde ir, qué objetos recolectar y cómo resolver los puzles), pero hay que tener en cuenta la ausencia de Internet, foros y *walkthroughs* de la época. Esto cambia en entregas posteriores, en las cuales aumenta la complejidad de la trama, la magnitud de los mapas y la dificultad del juego en general.

En el caso de la primera entrega, cuando *sir* Graham obtiene el tercer tesoro encomendado por el rey (se pueden recuperar en cualquier orden), nuestro héroe simplemente vuelve al palacio, deposita las tres pruebas de su éxito a los pies del monarca y, ante la ocurrencia de Su Majestad Edward el Benevolente de morirse en ese preciso momento, pues ni corto ni perezoso se agencia la corona, se la pone y se sienta en el trono. A rey muerto, rey puesto, y créditos finales.

---

34    Poole, S. (2000). Trigger Happy. Videogames and the Entertainment Revolution. Arcade Publishing, p.226, citado en Parkin, S. (2016). Muerte por videojuego. Turner, p. 85.

En la secuela, los diseñadores del juego se esfuerzan un poco más en brindar al jugador una secuencia final elaborada para premiarlo por sus esfuerzos y, cuando *sir* Graham y su doncella rescatada vuelven a Daventry, se nos muestra la boda real a la que acuden todos los personajes de *King's Quest II* (tanto aliados como villanos) antes de pasar a los créditos finales.

## LA SAGA DE KING'S QUEST Y LOS CUENTOS DE HADAS

*King's Quest I* es la primera entrega, como se ha dicho más arriba, de una de las sagas de aventuras gráficas más influyentes y longevas, en un género ya de por sí plagado de series exitosas. Mucho del mérito lo tiene su diseñadora y escritora principal, Roberta Williams, gran entusiasta de los cuentos clásicos. Una pasión que se hace evidente al jugar los dos primeros títulos de la serie: en ambos juegos el protagonista se encuentra con numerosos personajes, situaciones o elementos tomados de los cuentos de hadas. Entre otros:

- -Jack y las judías mágicas.
- -Caperucita roja (con lobo feroz y todo).
- -Hansel y Gretel.
- -El genio de la lámpara.
- -Figuras mitológicas como el rey Neptuno, o literarias como el conde Drácula.
- -Personajes de cuento como enanos, hechiceros, sirenas, brujas, hadas, *leprechauns* y princesas encerradas en torres.
- -Objetos mágicos de cuentos específicos, como anillos que hacen invisible a su portador, espejos que revelan escenas lejanas, alfombras voladoras, etc.

El caso de Roberta Williams es frecuente en las profesiones creativas: conseguir un producto novedoso a partir de un material cultural que se conoce y se ama. De igual manera, la escritora de Sierra logra, incorporando en la trama de sus juegos estas historias tan presentes en el imaginario de gran parte de la población mundial, conectar inmediatamente con el jugador: le propone personajes y situaciones conocidas que generan sensación de seguridad, empatía o reconocimiento.

¿Por qué suelen causar esa sensación inmediata de familiaridad y ese nivel de respuesta afectiva los cuentos de hadas (incluso entre los jugadores adultos)?

Los intentos de teorización e interpretación de los cuentos de hadas son abundantes en escuelas como el psicoanálisis o la psicología profunda, disciplinas que suelen prestar mucha atención al arte y cultura tradicionales.

Sabemos por Sigmund Freud que los cuentos de hadas, al igual que el juego infantil y los sueños, usan sus propios códigos comunicativos, expresan conflictos e impulsos humanos tanto a nivel consciente como inconsciente y son, por lo tanto, susceptibles también de análisis e interpretación. A partir del análisis de numerosos sueños de pacientes con contenidos de los cuentos de hadas, Freud llega a afirmar: «Nada tiene de sorprendente el que también el psicoanálisis pueda demostrarnos la importancia que nuestros cuentos populares han adquirido en la vida psíquica de nuestros niños».[35]

De igual manera, sabemos por Carl G. Jung que los cuentos de hadas siguen impactando a niños y niñas sin importar su lugar de procedencia ni coyuntura histórica, por la presencia de arquetipos. Es decir, por contener numerosas figuras simbólicas y muy cargadas de contenido que son comunes no solo al inconsciente de los individuos, sino también al inconsciente colectivo que compartimos como especie.[36]

En ese orden de ideas, se puede hablar del inconsciente colectivo como equivalente al *anima mundi* de Platón y los neoplatónicos, entidad viva que atesoraba ideas universales que los poetas vehiculizaban en su inspiración y que los filósofos perseguían en su dialéctica. Estos mismos arquetipos son reconocibles en los *daimones* (seres feéricos o «anómalos») por el filósofo contemporáneo Patrick Harpur. Volveremos sobre este punto con más detenimiento en capítulos posteriores.

Sin embargo, y desde otro punto de vista, no es hasta 1976 que ve la luz la que en nuestra humilde opinión es la *magnum opus* del estudio psicoanalítico de los cuentos infantiles. Y es que Bruno Bettelheim, en su *Psicoanálisis de los cuentos de hadas*, más allá de teorizar sobre el tema, emprende la ambiciosa tarea de diseccionar un gran número de narraciones clásicas para desentrañar su(s) sentido(s) y explicar la enorme influencia de estas historias en la

35    Freud, S. (1913). Sueños con temas de cuentos infantiles. En Obras Completas. RBA, p. 1729.
36    Jung, C. G. (1982). Arquetipos e inconsciente colectivo. Paidós.

psique humana, sobre todo en sus años formativos.

A partir del mencionado libro, se podría sugerir un oficioso «Quinteto de Bettelheim» sobre los cinco factores que mejor explican la importancia e influencia de estos cuentos; así como por qué siguen resonando en quien juega, aunque se trate de un adulto sentado ante un ordenador:

-*Los cuentos de hadas ayudan al infante a encontrar sentido en la vida:* según Bettelheim, es precisamente este el aspecto más complicado a la hora de educar a un niño o niña. Para conseguirlo, el psicoanalista austríaco considera de fundamental importancia a los cuidadores primarios (padre, madre o ambos) y a la herencia cultural. Sobre la cuestión de cómo transmitir tal herencia, el autor afirma que la literatura (mitos y cuentos de hadas) es la mejor herramienta para aportar ese acervo cultural a la psique del pequeño. En su análisis técnico del género literario de los cuentos de hadas, el autor concluye que estas historias, además de divertir y captar la atención del infante, contribuyen a su desarrollo porque excitan la imaginación, estimulan cognitivamente y permiten aclarar (y, eventualmente, ser capaz de clasificar) las propias emociones.

-*Los cuentos de hadas llegan a todos los niveles de la personalidad humana y tratan problemas humanos universales:* Bettelheim propone que, a través de la repetición de estas narraciones a lo largo de la historia, los cuentos clásicos han ido añadiendo capas de significado a sus argumentos, de tal manera que hablan hoy en día a todos los niveles de la psique, expresándose de una manera que resuena tanto en la mente del niño (aún en formación) como en la del adulto. Esto podría deberse a que los cuentos de hadas contactan (siguiendo la primera y la segunda tópica freudiana) con el consciente, preconsciente e inconsciente del lector. Según Bettelheim, al tratar problemas humanos universales (algunos de los cuales preocupan ya la mente del infante), estas narraciones aportan información al pequeño Yo en formación mientras permiten liberar pulsiones del Ello (receptáculo de deseos e impulsos) de manera aceptable para el Yo (entidad consciente a cargo de la autogestión del individuo) y el Súper Yo (conjunto de normas e ideales interiorizados de manera consciente o no). Podría afirmarse, en consecuencia, que los cuentos de hadas abordan las intensas pulsiones internas de una manera y con un lenguaje que el pequeño es capaz de captar inconscientemente, y que además le proponen ejemplos de soluciones a las dificultades de crecer y a las eventualidades de la vida. De igual manera, es innegable que los cuentos de hadas abordan angustias existenciales: ante la soledad o el abandono, miedo a no ser amado, temor a no encajar, miedo a la muerte, por citar solo algunas. El niño o niña experimenta estos sentimientos, pero no es capaz todavía de expresarlos adecuadamente en palabras, por lo que suele exteriorizarlos a través de síntomas como fobias (a la oscuridad, a animales concretos) o ansiedades (de separación, por ejemplo). Los cuentos clásicos, que abordan estos conflictos y angustias existenciales, ayudan a reconocer y clarificar aspectos internos, a la vez que ofrecen soluciones a un nivel que el niño puede entender.

*-Los cuentos de hadas simplifican situaciones y personajes para abordar problemas existenciales, y al hacerlo, proveen al infante de un «lenguaje» para explorar lo que ocurre en la propia psique*: Bettelheim propone que, para hacer frente a los desafíos del crecimiento, el niño debe antes entender lo que sucede en su interior (a nivel consciente e inconsciente, como en el caso de los impulsos). Los cuentos de hadas contribuyen inmensamente a esta comprensión de dos maneras: ofreciendo a la imaginación del pequeño nuevas dimensiones y significados a los que no podría llegar solo, y también sugiriendo imágenes que le serán de utilidad para entender, estructurar y canalizar las propias fantasías. De igual manera, las narraciones clásicas tratan, de manera simplificada, problemas universales. En palabras del autor:

**Los cuentos de hadas suelen plantear, de modo breve y conciso, un problema existencial. Esto permite al niño atacar los problemas en su forma esencial, cuando una trama compleja le haga confundir las cosas. El cuento de hadas simplifica cualquier situación. Los personajes están muy bien definidos y las figuras son típicas, precisamente por esta simplificación.[37]**

---

37    Bettelheim, B. (1975). Psicoanálisis de los cuentos de hadas. Crítica,

A este respecto, Bettelheim asevera que el cuento de hadas huye deliberadamente de la ambivalencia moral:

> Los personajes de los cuentos de hadas no son ambivalentes, no son buenos y malos al mismo tiempo, como somos todos en realidad. Son polarizados porque la polarización domina la mente del niño. Por tanto, está presente también en los cuentos. Al presentar al infante caracteres totalmente opuestos, se le ayuda a comprender más fácilmente la diferencia entre ambos, cosa que no podría realizar si dichos personajes fueran ambivalentes. Eso viene más tarde.[38]

-*Los cuentos de hadas abordan el problema del mal; la cara negativa y amenazante de la vida*: el autor contrapone ciertas tendencias educativas que omiten la cara oscura de la vida a los niños y niñas, con los cuentos de hadas, que no huyen de los aspectos amenazantes de la realidad y transmiten así que la lucha contra la adversidad es un aspecto intrínseco e inevitable de la vida. Estas narraciones enseñan que, si no huimos ante las dificultades sino que enfrentamos los obstáculos o privaciones, eventualmente podremos superar la situación y obtener *la victoria*. Poniendo un ejemplo concreto, el autor habla de cómo lo que él denomina las *historias seguras* no suelen tratar temas como el envejecimiento o la muerte, en tanto que los cuentos clásicos sí confrontan al niño con angustias humanas básicas: la muerte del padre de Cenicienta o de la madre de Blancanieves son trágicas y dejan a las protagonistas sumidas en las situaciones más adversas y precarias (tal y como el niño imagina que ocurriría en la vida real, afirma Bettelheim).

-*Los cuentos de hadas de King's Quest I y II*: para terminar, cuatro breves ejemplos de la interpretación freudiana hecha por Bettelheim de cuentos concretos que hacen acto de presencia en las dos primeras entregas de King's Quest,

---

p. 14.
38   Ibidem, p. 15.

colándose así en un nuevo vehículo de transmisión cultural que, a su vez, acabará produciendo sus propios cuentos de hadas:

-Hansel y Gretel (Hermanos Grimm): presente en King's Quest I a través de la casita y la bruja. Es, en esencia, una narración sobre la ansiedad de separación, y sobre el hecho de crecer y dejar atrás dependencias de la infancia (expresados en los intensos impulsos orales de los hermanos devoradores de propiedad inmobiliaria ajena). Hansel y Gretel constatan, al vencer a la bruja gracias a haber trabajado en equipo, que han crecido y han aumentado su autoestima y su confianza en sí mismos. Ya no dependerán exclusivamente de milagros como encontrar una casita que les alimente, y ya no temerán a la bruja. Este cambio positivo de actitud es descrito por Bettelheim como el verdadero tesoro que encuentran los protagonistas, ya que el cuento empieza y acaba con una familia pobre de leñadores.

-Caperucita Roja (Charles Perrault, Hermanos Grimm): aparece en forma de, pues eso, de Caperucita Roja, que ha perdido el paquete que llevaba a la abuelita en la segunda entrega de King's Quest. La historia trata de la pugna entre el principio de placer versus el principio de realidad (dicotomía muy presente en la doctrina freudiana): lo que uno desea hacer frente a lo que uno debe hacer. En el cuento, aparecen nuevos impulsos y curiosidades en la pubertad, que dificultan el seguimiento de las normas y causan errores de juicio. Y es que, como nos recuerda Bettelheim, en cierto sentido Caperucita cae en la tentación, y por eso a todo el mundo le cae bien. El autor interpreta el rojo de la prenda de ropa característica de la protagonista como un símbolo de los impulsos intensos (como la sexualidad incipiente), destacando el uso del diminutivo al referirse a ella (Caperucita), como si aún fuera demasiado pequeña para llevarla. Esto sugiere que el verdadero peligro es el despertar de su sexualidad, para la que aún no está emocionalmente madura: uno de los retos que plantean la pubertad y la adolescencia.

-Jack y las habichuelas mágicas (tradicional inglés, recogido por Hans C. Andersen): puede verse en la primera entrega del juego a través del inmenso tronco de planta de habi-chuela que llega hasta el cielo y que debe escalar *sir* Graham en su búsqueda (igual que Jack) de tres tesoros mágicos. El psicoanalista austríaco opina que esta historia muestra a un protagonista dispuesto a tomar la iniciativa en su lucha por la vida, más allá de que la magia pueda facilitarle la labor. Suele haber consenso, en todo caso, en que este cuento habla de abandonar el seno materno, superar la dependencia oral y así conseguir crecer y madurar (Jack cambia la vaca, símbolo de ser amamantado, por habichuelas que habrá de sembrar y cuidar por su cuenta). En este cometido le ayuda la creencia del niño de que su cuerpo ha crecido y por tanto le ayudará: la creencia de que ya no es un niño. El autor lo interpreta, de manera muy freudiana, en el marco de fantasías fálicas típicas de la pubertad masculina (el gran tronco grueso que llega hasta el cielo, por ejemplo).

-*Las tres plumas (Hermanos Grimm)*: el cuento más influyente en la trama del primer King's Quest. De los menos conocidos de los hermanos Grimm, trata sobre un viejo y enfermo rey que, viendo cerca el fin, piensa a menudo en la muerte y en el próximo ocupante del trono. Al dudar sobre a cuál de sus hijos dejar el reino (el cuento los describe como «dos listos» y «uno tonto, que hablaba poco»), los hace llamar, les encomienda la búsqueda de tres tesoros (un tapiz, un anillo y «la mujer más hermosa») y les explica que quien cumpla la prueba heredará la corona. Los dos hermanos «listos» buscan en la superficie, aprovechando sus habilidades y rapidez, en tanto que el tercer hermano descubre una puerta y baja a las profundidades del castillo (representación del Ello, en el inconsciente), donde supera sus pruebas con la ayuda de primitivas criaturas de carácter benigno y se hace con los tesoros. Bettelheim interpreta que «mientras los hermanos no pasan de lo superficial, al final gana el tercer hermano porque funda su inteligencia en el Ello, en el inconsciente, en sus tendencias positivas más básicas, y desde allí va elaborando»[39]; lo cual resulta una verdadera reivindicación de la importancia del viaje frente a la llegada al destino, del valor del proceso frente al éxito rápido. Una reivindicación, por cierto, de sobras conocida y compartida por cualquiera que haya jugado a una buena aventura gráfica (como las de Sierra) de principio a fin.

---

39    Ibidem, p. 118.

TÍTULO ORIGINAL: ALONE IN THE DARK    DESARROLLADOR: INFOGRAMES

PAÍS: FRANCIA    LANZAMIENTO (PC MS-DOS): 1992

GÉNERO: SURVIVAL HORROR    TEMÁTICA: TERROR, H. P. LOVECRAFT

DISEÑADORES: FRÉDÉRICK RAYNALD Y DIDIER CHANFRAY

# 10. HORRORES COSMIICOS:
## ALONE IN THE DARK Y
## LA LARGA SOMBRA DE LOVECRAFT

Luisiana profunda, 1925. Después de que el cuerpo sin vida del excéntrico pintor y ocultista Jeremy Hartwood aparezca en el ático de su centenaria mansión (Derceto Manor) y el departamento de policía cierre la investigación como un claro caso de suicidio, un detective privado y una joven heredera son informados del suceso y se dirigen de inmediato (según elija personaje el jugador) a la antigua propiedad. Ambos buscan aclarar los muchos misterios que rodean tanto a la muerte de Hartwood como a la propia mansión, sobre la cual han circulado siniestros rumores durante los dos últimos siglos. Lo que comienza como una simple exploración pronto deviene una trampa mortal plagada de entidades sobrenaturales del universo de los mitos de Cthulhu, libros proscritos, arcanos secretos y revelaciones abominables.

# EL NACIMIENTO DE UN GENERO

*Alone in the Dark* es considerado de manera virtualmente unánime como el primer videojuego de lo que posteriormente vendría a llamarse *survival horror,* años antes de sagas paradigmáticas del género como Resident Evil (Capcom, 1996) o Silent Hill (Konami, 1999) y de joyas escondidas como la inquietante Clock Tower (Konami, 1995) o Nocturne (Terminal Reality, 1999). Con el permiso de conspicuos antecedentes como *Nosferatu the vampire* (Piranha, 1986) para Amstrad o el japonés *Sweet Home* (Capcom, 1989), realizado para NES a partir de la película homónima, *Alone in the Dark* es el primer juego que propone la fórmula y mecánica hoy conocidas por todos los jugadores aficionados a pasar miedo y desasosiego ante la pantalla.

Si se mira con detenimiento, todos los ingredientes de posteriores títulos del género se encuentran ya en *Alone in the Dark:* la cámara fija, el sistema de dirección del personaje, la gestión de inventario, el tipo de combate, el predominio de un clima de suspenso por encima de la acción frenética, entre otros.

La compañía francesa Infogrames, además de ganar notoriedad a nivel mundial con el título que nos ocupa, fue responsable también del lanzamiento, al año siguiente, de *Call of Cthulhu, Shadow of the Comet*. Más lovecraftiano imposible, si bien la mecánica del juego es más típica del género de aventura gráfica convencional para la época, con interfaz de *point and click*.

Una de las primeras cosas que llamó poderosamente la atención del público en el momento del lanzamiento del juego fueron sus «gráficos realistas», con unos entornos primorosamente detallados y, por primera vez, personajes tridimensionales (a través de polígonos que resultan hoy totalmente rudimentarios y hasta cómicos) cuyas animaciones resultaban muy precisas para el año 1992. La cruda verdad, casi treinta años después, es que la imagen más horripilante del juego (aquella que causó más pesadillas en quienes no hicieron caso a sus padres y jugaron a *Alone in the Dark* antes de tener la edad recomendada) no es otra que la de nuestro personaje del juego, con sus gigantescos e inexpresivos ojos, su inmenso bigote poligonal y su apariencia general de figura de *origami* que no acaba de encajar con su entorno.

La música del juego es un acierto, si bien en ocasiones escasea. En todo caso, anticipa las escenas de acción y produce un efecto muy inquietante siempre que aparece o cambia súbitamente. Por un efecto de condicionamiento clásico, el jugador experimenta una respuesta de alerta e inquietud cada vez que suenan ciertas melodías, aunque no se vea ningún peligro ni enemigo en la pantalla.

Los efectos sonoros son notorios para la época, pero la actuación de voz resulta totalmente risible (lo cual puede verse también como otro atractivo del juego; uno seguramente no previsto por sus autores). Las voces y entonaciones hilarantemente sobreactuadas que suenan al leer nuestro personaje los libros, cartas y antiguos manuscritos que va encontrando a medida que progresa la aventura, en todo caso, son bastante típicas de la primera época de los juegos en CD Rom.

Las animaciones fueron revolucionarias para el año 1992: el movimiento de los personajes y la mecánica de los impactos durante el combate daban al *gamer* la impresión de estar jugando a un título perteneciente a la siguiente generación de videojuegos. Con el paso de los años, en todo caso, los gráficos de los escenarios de las diversas etapas del juego han demostrado tener más vigencia y dejar mejor recuerdo que las animaciones de los personajes.

Y es que el decorado de la mansión Derceto es muy notable; sugiere entornos variados y diferentes entre sí, pero con una coherencia estilística que favorece la inmersión del jugador en la historia (y le proporciona abundante información, si mantiene los ojos bien abiertos).

Los escenarios de las antiquísimas cuevas escondidas bajo las bodegas de la casa son una clara ruptura con todo lo anterior y producen una intensa sensación de extrañeza, amenaza e inmensidad. Como de haber pasado súbitamente de un mundo extraño, pero «real» a un dominio onírico, imposible. Exactamente como suele ocurrirles a los protagonistas de muchos cuentos de Lovecraft o Derleth, de quienes la última fase del juego obtiene mayormente su inspiración.

El control del personaje por parte del jugador es, al mismo tiempo, uno de los principales y más innovadores logros técnicos de *Alone in the Dark* y uno de sus factores más problemáticos, sobre todo al jugarlo hoy en día. No solo los gráficos poligonales han envejecido mal; el control del personaje resulta difícil e impreciso al abordar el juego actualmente y llega a causar verdaderas dificultades tanto a la hora de ejecutar acciones simples como durante el combate.

Los menús son intuitivos y bien diseñados, lo que facilita tanto las opciones de juego como la gestión del inventario. Se podría argumentar que tienen menos opciones y no son tan exhaustivos como los de sus contrapartes japonesas o norteamericanas, pero la verdad es que los menús de *Alone in the Dark* contienen lo imprescindible y no se hacen pesados ni interrumpen la atmósfera amenazante del juego.

El nivel de dificultad, si no se tiene en cuenta la imprecisión de los controles, no es elevado. Los puzles son bastante más lógicos que en la mayoría de aventuras gráficas, y el sistema de combate requiere cierta práctica, pero su mecánica se adquiere pronto.

Después de algo más de dos horas de juego, nuestro personaje se planta en la última pantalla: el santuario del blasfemo jefe final que debe ser derrotado para acabar para siempre con la maldición de la mansión Derceto. Tal villano no es otro que el espíritu del pirata y ocultista seguidor del gran dios primordial Cthulhu, Ezechiel Pregzt, cautivo en un árbol centenario en medio de un lago subterráneo desde el cual envía *profundos* (malignas criaturas acuáticas, adoradoras del dios menor Dagón) a la caza del protagonista, buscando un cuerpo humano fresco del cual tomar posesión.

Colocando correctamente el talismán sagrado que anula los poderes maléficos de Pregzt, el heroico detective quema el árbol usando su fiel lámpara de aceite y libera así a la antigua propiedad (y de paso, a toda la región) de la entidad maligna causante de todos sus males.

En un añadido final (que no acaba de quedar claro si pretende ser un giro terrorífico de guion o un divertimento cómico), cuando nuestro personaje emerge victorioso de Derceto es recogido por un coche cuyo conductor resulta ser un zombi como los de la mansión.

## ALONE IN THE DARK Y EL LEGADO DE H. P. LOVECRAFT

El impacto de la obra de H. P. Lovecraft sobre el género del terror y de la ciencia-ficción es innegable y trasciende el ámbito estrictamente literario. Sin constituir realmente un nicho *mainstream,* la temática lovecraftiana aparece cada cierto tiempo en libros, cómics, videojuegos, series de televisión y películas (algunas de ellas, muy recientes; sin ir más lejos: la película *The Color Out of Space* (Richard Stanley, 2019) y la serie (*Lovecraft Country*, Misha Green, 2020).

Como si de una infección insidiosa y recurrente se tratase, raramente pasa un lustro sin que los fenómenos inexplicables ligados a antiquísimos cultos «abominables» (con abundancia de sacrificios humanos) a atávicas deidades terroríficas (normalmente plagadas de tentáculos), investigados por algún joven académico (por lo general, sin ninguna preparación para la aventura que tiene entre manos) que sigue la pista de cierto libro medieval prohibido (habitualmente encuadernado en piel y con cierres de hierro) entre los estantes polvorientos de alguna solitaria biblioteca universitaria de Nueva Inglaterra, saquen la cabeza en algún producto cultural.

Escribimos estas líneas mientras escuchamos «The Call of Cthulhu» de Metallica (*Ride the Lightning*, 1984) y resulta inevitable plantearse ciertas cuestiones. ¿Cómo explicar la vigencia y recidiva del universo narrativo creado por Lovecraft (en la década de los veinte y los treinta del siglo pasado) tomando en cuenta la vorágine de contenidos de la actual industria del ocio y el entretenimiento? ¿Por qué motivo perviven los monstruos aborrecibles de la tradición lovecraftiana en las historias que nos entretienen hoy en día? Se podría argumentar que el juego tratado en el presente capítulo fue lanzado en 1992, pero una rápida consulta en la red nos permitirá constatar el ingente número de obras y productos diversos (desde juegos de mesa hasta aplicaciones y juegos para dispositivos móviles) que desde entonces se han publicado y que beben de la mitología creada por el legendario escritor de Providence.

## H. P. LOVECRAFT, ESCRITOR Y PERSONAJE PECULIAR

Mucho se ha escrito ya sobre la persona de Howard Phillips Lovecraft (Providence, Rhode Island, 1890): sobre su infancia solitaria y confinada entre adultos de una familia británica «bien» venida a menos; sobre su extremada sensibilidad y su imaginación hipertrofiada (incluyendo una precoz y mórbida aversión al mar); sobre su neurótica edad adulta y sus tendencias asociales, asexuales, racistas y xenófobas (al menos en parte por su terror a la confusión, a la mezcla); sobre sus terribles y persistentes pesadillas, caldo de cultivo de su universo narrativo, y así un largo etcétera.

También han corrido ríos de tinta sobre su influencia literaria en el género del horror y la fantasía científica: sobre cómo el joven autor comienza escribiendo relatos bastante ajustados a los cánones literarios del cuento de horror clásico-gótico-anglosajón (fijado como estaba en el siglo xviii y en su nostalgia por el dominio británico de Estados Unidos) y a partir de ahí va evolucionando (muy influido por autores rompedores como Lord Dunsany y, posteriormente, Arthur Machen) hacia algo nuevo, único, original. Hacia una nueva narrativa que amalgama exitosamente onirismo y realismo, teología y materialismo, trascendencia y avances científico-tecnológicos.

Y es que uno de los grandes hallazgos lovecraftianos, el que le da el salto cualitativo a su escritura y posibilita la cristalización de esa teología para ateos que son los mitos de Cthulhu, no es otro que el intento de plasmar en palabras el «horror cósmico»: el sentimiento terrorífico de indefensión que nos abruma cuando consideramos aspectos como las distancias interestelares (con cifras inasumibles para el cerebro humano), la inabarcable antigüedad geológica de nuestro planeta y de su sistema solar, la aparición sumamente tardía (después de millones y millones de años) de nuestra especie en la historia de la vida en la Tierra, o lo mucho que desconocemos sobre las grandes civilizaciones de antaño y sus secretos arcanos, entre otros. El horror, en definitiva, que nos embarga cuando atisbamos la inmensidad del universo y constatamos, en consecuencia, la insignificancia y pequeñez de la especie humana. No hay que olvidar que, en palabras del experto en la materia Eric C. Link, los horrores escritos por Lovecraft surgen de «la vastedad del cosmos que la ciencia del siglo xix descubrió para la humanidad».[40]

## LOS MITOS DE CTHULHU: EL PROFETA Y SUS DISCÍPULOS

El psiquiatra Rafael Llopis, verdadera autoridad en el tema, analiza el origen literario de los mitos de Cthulhu y revisa sus diferentes intentos de sistematización. Tal mitología, de hecho, es una construcción colectiva: Lovecraft tiene la visión original, la epifanía que le hace proponer la idea de unos poderosos seres muy anteriores a la aparición del género humano, que durante edades geológicas enteras habitaron nuestro planeta pero que por sus prácticas abominables fueron expulsados a las dimensiones exteriores de donde provenían. Estas entidades no han dejado

---

40   Link, E. C. (Ed.) (2014). The Complete Fiction of H. P. Lovecraft. Race Point Publishing.

nunca de intentar volver a dominar la Tierra; con frecuencia, asistidos por elusivos miembros de antiguos cultos secretos, que aún los adoran y sirven como a deidades.

Sobre este punto de partida, y con el horror cósmico como denominador común, el joven autor comienza una fructífera correspondencia con otros escritores de inquietudes similares y a la postre nace el *Círculo (o Escuela) de Lovecraft* (con el propio autor, Clark Ashton Smith, Robert Howard, Frank Belknap Long, Robert Bloch y August Derleth, entre otros).

A partir de esa colaboración literaria a muchas manos, se incrementa el panteón de dioses de los mitos (los temidos Primordiales o Primigenios), aumenta su colección de antiguos textos canónicos (el más paradigmático, el infame *Necronomicón*, del árabe loco Abdul Alhazred) y se acaba elaborando toda una cosmogonía, con sus propios cultos, sitios sagrados y arcanos talismanes. A la postre, el gran organizador y divulgador de los mitos de Cthulhu acabaría siendo A. Derleth, llegando incluso a colaborar póstumamente con su maestro al terminar y publicar relatos inconclusos de H. P. Lovecraft.

## MITOS DE CTHULHU E INCONSCIENTE COLECTIVO

Si bien la obra de C. G. Jung es extensa y trata aspectos de varias disciplinas, vale la pena aclarar muy brevemente ciertos conceptos básicos de la doctrina del discípulo díscolo de Freud, que son de importancia para el tema que nos ocupa actualmente.

El psiquiatra y psicoanalista suizo Carl Gustav Jung explicó el fenómeno del *inconsciente colectivo* de la siguiente manera:

> Un estrato en cierta medida superficial de lo inconsciente es, sin duda, personal. Lo llamamos *inconsciente personal*. Pero ese estrato descansa sobre otro más profundo que no se origina en la experiencia y la adquisición personal, sino que es innato: lo llamado *inconsciente colectivo*. He elegido la expresión «colectivo» porque este inconsciente no es de naturaleza individual sino *universal,* es decir, que en

contraste con la psique individual tiene contenidos o modos de comportamiento que son, *cum grano salis*, los mismos en todas partes y en todos los individuos... Constituye así un fundamento anímico de naturaleza supra-personal existente en todo hombre.[41]

¿Cómo se manifiesta el inconsciente colectivo? En sus irrupciones en la conciencia a través del material aparecido en ciertos sueños, fantasías o temores inconscientes (además de la producción poética y artística en general), los contenidos principales que dan cuenta de su existencia son los arquetipos. En palabras de Jung: «El arquetipo representa esencialmente un contenido inconsciente, que al hacerse consciente y ser percibido cambia de acuerdo con cada conciencia individual en que surge».[42]

Es decir, que en sus manifestaciones cotidianas, tales como los sueños, los arquetipos aparecen de manera mucho más individualizada y personal, en tanto que en los mitos y leyendas (piénsese en el arquetipo del héroe, por ejemplo) su manifestación es más inequívoca, pasada ya por el filtro de la conciencia.

¿Qué tiene que ver lo anterior con los mitos de Cthulhu?

Si se recurre a los escritos de estudiosos de la vida y obra de H. P. Lovecraft desde la psicología dinámica, se clarifican muchas de las influencias psíquicas plasmadas en sus relatos. Sin afán exhaustivo, a continuación se mencionan algunas:

En primer lugar, debe entenderse que en la mente de Lovecraft no dejó nunca de librarse un combate entre su anhelo religioso y trascendente, por un lado, y el racionalismo materialista que adoptó en su adolescencia, por otro.

A nivel superficial, lo anterior hizo que el joven autor buscara, con frecuencia, explicar lo sobrenatural a través de lo racional: antiguas ciencias perdidas en el olvido, avances tecnológicos de razas extraterrestres y demás racionalizaciones para los fenómenos paranormales de sus cuentos.

Profundizando más, sin embargo, esta contraposición causa que en la obra de Lovecraft el horror cósmico se manifieste de una manera propia: como *horror arquetípico*, aquel que conecta con «supervivencias latentes en el inconsciente colectivo»[43], con

41    Jung, C. G. (1984). Arquetipos e inconsciente colectivo. Paidós.
42    Ibidem, p.11.
43    Llopis, R. (2001). Los Mitos de Cthulhu; Narraciones de horror cósmico (H. P. Lovecraft y otros), Alianza Editorial, p. 40.

la memoria inconsciente de fases arcaicas de la evolución del ser humano.

Si se analiza detenidamente, aunque Lovecraft describa a sus Dioses Primordiales como entidades que provienen de otras dimensiones o de ignotas estrellas, por más que los explique de manera física y racional, tales figuras responden a símbolos arquetípicos. En todo caso, cabe señalar que los anhelos trascendentes del escritor, por la represión de su Yo, devienen negativos: en el universo lovecraftiano las figuras arquetípicas son invariablemente ominosas y malévolas. Como la práctica totalidad de las apariciones a las que se enfrenta nuestro detective protagonista del juego.

Para no apartarnos de nuestro erudito de cabecera en horrores cósmicos, R. Llopis lo explica de manera muy didáctica en el siguiente pasaje:

> Anteriores a la especie humana y aletargados por la hegemonía del hombre, los Primitivos —enormes masas amorfas— esperan y sueñan con volver a dominar la Tierra. El Gran Dios Cthulhu, el más maligno e importante de ellos, yace en el fondo del mar. *Desde un punto de vista simbólico, todo esto es rigurosamente cierto.* En el fondo del mar —que es cuna de la vida y símbolo de nuestro propio inconsciente pre-humano— o en las entrañas de la tierra, en estratos geológicos arcaicos que simbolizan arcaicos niveles de la mente, yacen nuestros terrores y deseos más ancestrales, los que heredamos de nuestros antepasados no humanos, junto con nuestra estructura cerebral y como memoria de un mundo entonces percibido a través de su mente irracional.[44]

Precisamente esta relación del dios Cthulhu con el origen marino de la vida (y por ende de nuestra especie) como símbolo de la conexión de la mitología lovecraftiana con nuestros terrores más ancestrales, es muy ilustrativa de la profundidad de los contenidos que evocan los mejores relatos del autor de Providence. La trama de *Alone in the Dark,* sin ir más lejos, se resuelve en un tenebroso entorno acuático.

---

44    Ibidem, p. 41.

Se podría proponer, en consecuencia, que la vigencia de la obra literaria de Lovecraft se debe sobre todo a la conexión del autor con temores arcaicos presentes no solo en su inconsciente sino en el de todos: los tempranos terrores del amanecer de la especie humana, incluidos en nuestro genoma y que perduran hoy en los estratos más profundos de la psique como una especie de memoria filogenética: el inconsciente colectivo.

¿Cómo podemos saber que lo anterior es así? Según expertos como Link y Llopis, porque H. P. Lovecraft usó como fuente principal de material literario (además de sus propias lecturas y ensoñaciones diarias), las frecuentes y vívidas pesadillas que lo acompañaron toda la vida. Por tanto, utilizó símbolos atemporales que perduran en el inconsciente humano, para evocar en sus lectores una serie de terrores ancestrales.

Podemos concluir, sin temor a precipitarnos, que cuando logran conectar con el pozo insondable de memorias y terrores primigenios de la especie que es el inconsciente colectivo y sus arquetipos (como se sugiere en el caso del angustiado y taciturno escritor de Rhode Island), las ficciones se mantienen vigentes a pesar de las modas.

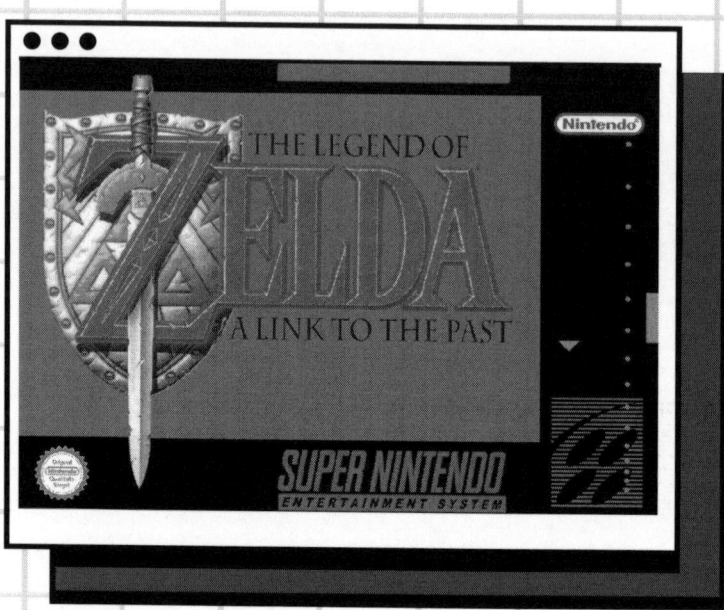

TÍTULO ORIGINAL: THE LEGEND OF ZELDA: A LINK TO THE PAST

PAÍS: JAPÓN    GÉNERO: ACCIÓN, AVENTURA    DESARROLLADOR: NINTENDO

LANZAMIENTO: JAPÓN: 1991, PARA LA SUPER FAMICOM.
USA Y EUROPA: 1992, PARA LA SUPER
NINTENDO ENTERTAINMENT SYSTEM (SNES)

TEMÁTICA: FANTASÍA MEDIEVAL    DISEÑADOR JEFE: SHIGERU MIYAMOTO

COMPOSITOR: KOJI KONDO

# 11. EL VIAJE DEL HEROE: THE LEGEND OF ZELDA, A LINK TO THE PAST Y EL MONOMITO

En el pintoresco reino de Hyrule, en plena noche de tormenta, el joven Link duerme en su humilde cabaña del bosque cuando es despertado por una misteriosa voz. Se trata de la princesa Zelda que, telepáticamente, suplica a nuestro aprendiz de héroe que la libere de la mazmorra del castillo donde se halla prisionera por orden del maléfico hechicero Agahnim. Al parecer, tan siniestro personaje ha eliminado al rey de Hyrule y se propone romper el antiquísimo sello mágico que bloquea el paso al Mundo de las Tinieblas o Mundo Oscuro (reverso sombrío y desolado de Hyrule), para abrir así un portal que haga posible la entrada de las hordas malvadas que eliminarán toda resistencia local y le permitirán dominar el mundo. Armado únicamente con su gorrito verde de elfo navideño y la vieja espada de su querido tío (que, irresponsablemente, abdica de sus funciones parentales y envía a su sobrino menor de edad a lo que parece una muerte segura), el protagonista deberá viajar por los confines de ambos reinos (el luminoso y el oscuro) superando obstáculos y venciendo enemigos a diestra y siniestra para rescatar a la princesa, acabar con el poderosísimo villano e impedir la tenebrosa invasión del reino fantástico-medieval más amado por los fans de Nintendo.

## DENTRO DE LA LEYENDA: JUGAR A LINK TO THE PAST HOY

Que nadie se lleve a engaño: bajo un relato tan arquetípico se encuentra el que muchos consideran el mejor título de la saga The Legend of Zelda (por lo menos, de su etapa en dos dimensiones) y, se dice rápido, uno de los videojuegos más sobresalientes jamás creados. Suele pasar que cada cual considera que *el mejor Zelda* es aquel que jugó por primera vez; en nuestro caso es este y sí, también nos pasa.

Tras el éxito de la primera entrega, quizás pecando de precipitación mercantil por parte de la compañía japonesa, Nintendo publicó *Zelda II: Link's Adventure* (1988), que aun siendo un excelente juego y contar con sus defensores, desluce al ponerlo junto a sus compañeros de saga. Realizado por programadores distintos a los del Zelda original, presenta un desarrollo horizontal frente a la vista de pájaro o cenital del antecesor; y, en lo que respecta a la jugabilidad, prima la acción con plataformas sobre la estrategia y la exploración. Aunque probablemente no es el Zelda favorito de nadie, es justo reconocer que algunas de sus aportaciones, como la incorporación de una tercera Trifuerza (la del Valor) o la mecánica de interacción con los habitantes de los pueblos y aldeas de Hyrule para solucionar problemas que repercutirán en favor del héroe, se incorporarán como rasgos identitarios de la saga.

En la tercera entrega, Miyamoto y Tezuka vuelven a la dirección del proyecto y redirigen el juego a su ADN originario; retomando las mismas perspectivas, ideas y mecánicas que vertebraron el primer título y mejorándolas significativamente. El resultado alcanzó la excelencia en todos sus apartados: el visual, el sonoro y el relativo a la jugabilidad, convirtiendo a *A Link to the Past* en una obra maestra intemporal.

## RETORNO A HYRULE

El primer efecto que causa *A Link to the Past* en la pantalla es un impacto estético visual: en comparación con las dos entregas anteriores de la saga, los gráficos tanto de personajes como de escenarios del presente juego son, en una palabra, despampanantes. Hyrule no se había visto nunca tan bella, y es un verdadero placer «perderse» por sus numerosos bosques, desiertos y mazmorras.

Es notable la capacidad de los diseñadores del título para exprimir al máximo los 16 bits de SNES, a pesar de pertenecer a la primera hornada de videojuegos publicados para tal consola. El nivel de detalle es superlativo y hasta los villanos menores del reino presentan su mejor aspecto. Las animaciones son fluidas y, aunque sobrias en su conjunto, poseen el encanto naíf tan típico de los JRPG de la época. Mención aparte merece la paleta de colores: vívida y alegre en Hyrule, lóbrega en su reverso oscuro, creando así atmósferas y tonos afectivos bien diferenciados y soberbiamente subrayados por los cambios de música.

Y es que, si en un aspecto existe consenso generalizado entre los mayores entendidos en *The Legend of Zelda,* es precisamente en el carácter excepcional de su música: el compositor Koji Kondo nos regala, aprovechando el poderío del nuevo *hardware,* una de las mejores versiones del tema principal de Zelda (por colorida y espectacular), además de un conjunto de melodías nuevas que han terminado incorporándose al bagaje musical de la saga. A diferencia de sus antecesores en los cuales la popular melodía termina siendo molesta y repetitiva, la música de *A Link to the Past* ambienta y acompaña a la perfección las andanzas de Link por el reino. Simplemente majestuosa, sin temor a abusar de los adjetivos.

## EN LA PIEL DE LINK

A simple vista, el juego que nos ocupa no presenta grandes novedades en lo que respecta al control del personaje y de las acciones en general, en comparación con la primera entrega de la saga. Una mirada más atenta, sin embargo, revela que, en parte por las mejoras técnicas de la nueva consola, el control de nuestro personaje es mucho más sensible y preciso; por ejemplo, permite los movimientos diagonales de las crucetas y posibilita que el menú de acciones e inventario sea más manejable, lógico e intuitivo.

Recuperada la perspectiva cenital en 2D (tras las dudas generadas por los experimentos de *Link's Adventure* para NES), el jugador dispone de mayor movilidad y repertorio de acciones a lo largo y ancho de los muchos y variados parajes. El mundo diseñado por los autores, además de visualmente atractivo, es también vasto y pide a gritos ser explorado y disfrutado sin prisas: *A Link to the Past* es uno de los juegos más recordados de SNES precisamente por la cantidad de detalles, lugares, personajes y eventos «escondidos» por todo Hyrule. El título exprime al máximo el hallazgo progresivo de nuevos y variados artículos para el inventario de Link, aumentando su margen de maniobra a la hora de ejecutar acciones como recorrer grandes distancias, eliminar obstáculos, encontrar pasajes hacia áreas previamente inaccesibles o vencer jefes en batalla aprovechando sus debilidades (añadiendo así un factor táctico a los combates, más allá del golpeteo compulsivo del botón A del mando).

Y, como ya hemos señalado anteriormente, sin ser un juego de rol, *A Link to the Past* contiene abundantes ingredientes de RPG que reman a favor de una experiencia lúdica magnífica: el incremento progresivo de la medida de salud y resistencia del protagonista, la lenta pero constante adquisición de equipo nuevo (que amplía el repertorio de acción del héroe), la aparición gradual de diversas habilidades nuevas de Link según progresa en sus aventuras, el acceso a armas mágicas más poderosas conforme va cumpliendo objetivos, etc. Los diseñadores aciertan plenamente con la curva de aprendizaje del juego (empinada, exigente, pero gratificante a medida que se avanza), haciendo que quien juega sea en todo momento consciente del progresivo crecimiento y mejora del personaje.

En consonancia con lo anterior, el sistema de guardado de juego mejora el de sus antecesores, permitiendo guardar y cargar fácilmente partidas desde (casi) el mismo punto donde se dejaron. Se puede, además, registrar diversas partidas (en diferentes niveles de progreso), lo que no deja de ser un incentivo para la exploración y experimentación por parte del jugador.

Es de justicia mencionar el carácter no del todo lineal del juego, que favorece la exploración de los múltiples y variados entornos, aumentando así exponencialmente el placer del descubrimiento. *A Link to the Past,* junto a la primera entrega de la saga, podrían verse, en ese sentido, como una suerte de precursores de la tendencia actual de juegos de tipo *sandbox* («arenero», en su traducción literal del inglés) como los de la sagas The Elder Scrolls o Fallout, de Bethesda, en los cuales el jugador dispone de libertad para explorar a placer los escenarios del juego, eligiendo (dentro de ciertos límites) el orden en que acomete los objetivos que le llevarán a la meta final, así como las misiones secundarias que completa entre ellos.

El propio Shigeru Miyamoto admitió, en una entrevista de 1992, la intención original de que el juego contara con un final abierto: es decir, que el jugador o jugadora tuviese la posibilidad de seguir jugando y explorando aún después de haber terminado la misión principal. Finalmente, las limitaciones técnicas y de almacenamiento del cartucho estándar de SNES hicieron que el equipo de diseñadores desistiera de lo anterior[45].

Los programadores del juego, asimismo, juegan hábilmente con el uso del espacio implantando la existencia paralela de dos reinos en Hyrule: el luminoso y el sombrío, conectados entre sí a través de portales o mediante el uso de ciertos artículos del inventario (el espejo y la perla). El uso adecuado de tales conexiones entre ambas dimensiones, de hecho, permite al jugador no solo descubrir nuevos entornos e ítems sino también, y principalmente, la resolución de algunos de los puzles más complicados.

## DERROTANDO A GANON

El tiempo empleado en alcanzar el final del juego dependerá, como es lógico, de cuán directo haya sido el jugador respecto a la misión central. Si bien Miyamoto estimaba que se necesitaban unas cuarenta horas para terminarlo por primera vez[46], si se sabe qué hacer y dónde ir, al cabo de unas doce o trece horas de juego se llega a la Torre de Ganon en el mundo oscuro, donde tiene lugar la batalla final contra Agahnim. Después de ser vencido (por segunda vez) por Link, del cuerpo inerte del hechicero surge Ganon, el verdadero supervillano de la historia, materializado en forma de murciélago gigantesco.

El demoníaco Ganon no es otro que el creador del reverso negativo del reino: el mundo oscuro, el cual formó en consonancia con sus sombríos pensamientos y deseos, tras haber descubierto por accidente el gran poder de la Trifuerza. Vencido hace siglos por los sabios de Hyrule, confinado en su siniestra pirámide, Ganon creó mágicamente un avatar suyo (el hechicero Agahnim) para poder infiltrarse en la corte del reino y abrir el portal que le

45    Brian, N. E. (20 de agosto de 2016). Miyamoto talks Zelda, a classic interview.https://nintendoeverything.com/miyamoto-talks-zelda-a-link-to-the-past-in-classic-interview-name-cut-ideas-open-ended-zelda-interest/

46    Doolan, L. (5 de mayo de 2019). Forgotten interview with Miyamoto sheds light on a classic Zelda production.https://www.nintendolife.com/news/2019/05/forgotten_interview_with_miyamoto_sheds_light_on_a_classic_zelda_production

permitiera escapar de su mundo de tinieblas y conquistar Hyrule de una vez por todas.

Al seguir al murciélago, Link accede a la cúspide de la Gran Pirámide, entabla combate mortal con Ganon (que ha recobrado su monstruosa forma original) y finalmente lo vence con la ayuda inestimable de un gran surtido de flechas de plata y de la Espada Maestra (si bien, siendo pacientes, se puede forjar y convertirla en la Espada de Oro, más efectiva en la batalla final). Como recompensa, Link es admitido en la presencia de la Trifuerza, reliquia sagrada de Hyrule, que le concede un deseo. Nuestro héroe desea la anulación de todas las malas obras de Ganon, por lo que el mundo oscuro y su influencia perniciosa desaparecen para siempre y el reino es, por fin, restaurado y pacificado.

## A LINK TO THE PAST Y EL PLACER DEL VIAJE

Como se trató ya en el capítulo referente a *King's Quest I* y *II* (citando a Steven Poole y su «emoción estética del asombro»), el placer de la exploración y el descubrimiento es uno de los principales atractivos de los videojuegos en general.

Si bien es cierto que lo anterior es más evidente en juegos actuales de gran envergadura que optan por el enfoque de mundo abierto o *sandbox*, es de justicia admitir que uno de los primeros títulos que consigue maravillar al jugador con una gozosa inmersión en un reino fantástico, acribillándolo a detalles coloridos y novedosos a cada paso, es precisamente el que nos ocupa. Y allá por 1991: sin animación 3D, ni cinemáticas espectaculares ni, ya por descontado, posibilidad de multijugador por Internet.

Adaptando lúdicamente la distinción freudiana que distingue los motivos manifiestos de los latentes, se pueden establecer dos niveles de análisis sobre tal atractivo, aplicado a *A Link to the Past*:

El primero, que ya comentamos anteriormente, lo ilustra el propio Shigeru Miyamoto. Citado por J. J. Rodríguez, al abordar el proceso de creación del *The Legend of Zelda* original, para NES, el creador de la saga reconoce que buscaba crear un juego basado en la exploración y el descubrimiento. En sus propias palabras:

> Cuando era niño iba a caminar por el campo y, un día, descubrí un lago. Fue una gran sorpresa que me impactó. Comprendí qué era salir de aventura al

recorrer el campo sin un mapa, tratando de encontrar el camino, descubriendo cosas asombrosas. [Años después], cuando fui a la Universidad de Kanazawa, estaba en una ciudad que me resultaba totalmente extraña. Me gustaba mucho pasear y, cada vez que lo hacía, algo sucedía. Por ejemplo, podía atravesar un túnel y descubrir que el paisaje había cambiado bastante cuando salía.[47]

Debe reconocerse que la sensación a la que hace referencia Miyamoto (aquella sensación de libertad que como comentamos en el capítulo dedicado al primer título, puede causar desconcierto y miedo en algunos), se ve perfectamente reflejada no solo en *The Legend of Zelda* o en *A Link to the Past* sino en la gran mayoría de títulos de la serie: el placer de explorar, así como la emoción de descubrir detalles secretos en libertad, tienen presencia y peso en los juegos de la saga desde el principio y son componentes intrínsecos que los hace tan entrañables. Continúa el genial diseñador japonés: «... quería crear un juego que te transmitiera la sensación de explorar a medida que ibas descubriendo el mundo, familiarizándote poco a poco con la historia y los entornos de aquella tierra que recorrías».[48]

En otro nivel de análisis, sin embargo, este magnetismo de la exploración (tan presente en los juegos de la saga) puede considerarse también a la luz de especialistas como Simon Parkin. El periodista propone que, si bien los diseñadores de videojuegos intentan guiarnos a través del mundo que han ideado (así como mantener nuestra atención) dejando un «rastro de miguitas en forma de objetivos por cumplir»[49], son igualmente conscientes de que cuando los mundos creados son tan estéticamente logrados como Hyrule, suele suceder que el jugador a menudo se distrae y se dedica a explorar su entorno sin prisas. Pues más allá de los éxitos del personaje, las misiones que cumpla y las recompensas que obtenga, estará siempre el placer del viaje en sí mismo.

Más allá, incluso, de tal placer, Parkin indaga sobre el origen de la pasión del *gamer* (de cualquier época) por la exploración de territorios fantásticos. Su periplo investigador le lleva a concluir

47   Rodríguez, J. J. (2019). Sueños en 8 bits: La historia de la Famicom / NES (1983-2018). Dolmen, p. 117.
48   Ibidem, p. 117.
49   Parkin, S. (2016). Muerte por videojuego. Turner, p. 86.

que hoy en día, con todos los continentes cartografiados y el planeta disponible en Internet a un clic de distancia en el principal buscador de la red, al ciudadano de pie no le queda otra frontera por explorar que la de los mundos virtuales. Conclusión no exenta de cierta tristeza...

Ahora bien, ¿son realmente equiparables ambas experiencias? ¿O nos hallamos ante una relación como la existente entre la misión cumplida en un videojuego de aventuras y un éxito profesional en lo que denominamos *el mundo real*? En las concisas pero contundentes palabras del periodista especializado en videojuegos: «¿Acaso puede compararse la exploración virtual con la emoción del descubrimiento del mundo real? Como ocurre con el éxito, la imitación es convincente, atractiva y, lo que es más importante, más barata y accesible».[50]

## A LINK TO THE PAST Y EL VIAJE DEL HEROE

Además de las razones esgrimidas, el placer que proporciona acompañar a Link en su periplo tiene relación con la trascendencia del tipo de viaje que realiza. Si ponemos el foco en el argumento del juego, reconoceremos enseguida que se articula a partir de la estructura narrativa universal conocida como *el viaje del héroe*, descubierta y descrita por el antropólogo Joseph Campbell en su obra *El héroe de las mil caras*.

Tras un exhaustivo estudio de la mitología universal, el antropólogo estadounidense llegó a la inesperada conclusión de que, tras toda narración mítica, tras cualquier mito, es reconocible una misma estructura argumental y una misma tipología de personajes arquetípicos. A esta narración base la llamó *viaje del héroe* o *monomito*. Posteriormente, basándose en esta tesis (controvertida pero sumamente interesante), el guionista Chistopher Vogler publicó *El viaje del escritor*, obra donde estudia la aplicación de esta estructura mítica universal a la creación de guiones y novelas. Vogler, siguiendo y simplificando a Campbell, divide en doce etapas la estructura argumental del monomito e identifica una lista de siete personajes arquetípicos presentes en el argumento universal, de los cuales el primero y principal es el protagonista o héroe.

Por héroe entendemos el personaje que principalmente (*proto*)

---

50    Parkin, S. (2016). Muerte por videojuego. Turner, p. 86.

lucha/sufre (*agon*) en una narración, es decir, el protagonista. En su forma clásica es aquel que da su vida por los demás: no obstante, la historia de la literatura y la del cine han conocido protagonistas de todo tipo, desde superhéroes con poderes extraordinarios a antihéroes con características negativas. Si bien el tipo de protagonista que goza de mayor popularidad en la cultura contemporánea, por lograr un mayor grado de identificación con el público, es el que encarna a la persona ordinaria enfrentada a una situación extraordinaria.

En todo arte narrativo, la cuestión de la identificación no es menor ya que toda narración debe lograr que los receptores se identifiquen en buena medida con el protagonista; en caso contrario, difícilmente se interesarán por su destino. Pero en contraste con otros ámbitos de expresión artística, en el caso de los videojuegos el receptor de la historia no es pasivo sino activo (por posibilitar el desarrollo del argumento a través de sus acciones en el mando), motivo por el que la identificación con el protagonista es potencialmente mayor que en cualquier otro arte, lo que no exime sino que agrava la obligación del héroe de cautivar. Y el protagonista del juego que nos ocupa logra este cometido con creces; Link cautiva con su estética y con sus acciones, tiene carisma y presencia y, además, al arriesgar su vida por los habitantes de Hyrule, cumple con la característica principal del héroe clásico: ofrecer su vida por los demás.

Conjuntamente con el protagonista, existen otros seis tipos de personaje arquetípico que interactúan con el héroe en su viaje y que Vogler enumera y describe. Son: el mentor, el embustero, el heraldo, la figura cambiante, el guardián del umbral y la sombra. Como comprobaremos a continuación, el guion de *A Link to the Past* recoge, de manera eficaz y bella, la tipología completa de arquetipos que exige la estructura del monomito:

> -*El mentor:* aquel personaje de edad avanzada que tutela al protagonista, que le comparte su experiencia y le encomienda una misión. Fue el protagonista de su propia historia en el pasado, donde completó su viaje del héroe, un largo camino de aprendizaje que lo ha traído de vuelta a casa. La función dramática del mentor es instruir, guiar y ayudar al protagonista compartiéndole su experiencia; Obi-Wan Kenobi, el maestro Yoda o el Sr. Miyagi son ejemplos diáfanos del arquetipo. El tío de Link (de quien ignoramos

el nombre) y el sabio Sahasrahla[51] cumplen esta función respecto al héroe de Hyrule. Su tío lo cría desde pequeño, le proporciona espada y escudo, le enseña el efectivo ataque circular y le encomienda la misión de salvar a la princesa Zelda. Sus últimas palabras son proferidas en brazos de Link en las catacumbas del castillo de Hyrule: «Salva a Zelda, ella es tu...» dejando la frase inacabada, detalle que causó en muchos sospechas de que Zelda y Link tuviesen algún parentesco.[52] Por su parte Sahasrahla, descendiente de los siete sabios que antaño sellaron al malvado Ganon bajo tierra, enseña a Link el camino para obtener los tres colgantes de la virtud y la espada maestra, lo guía hacia los fragmentos que aprisionan a las doncellas sacrificiales y le confiere una serie de consejos, mediante telepatía, en las mazmorras del mundo oscuro.

-*El embustero*: personaje secundario cómplice del protagonista, suele lograr lo que se propone a través de la astucia y acostumbra a caer simpático. Su función oscila entre el alivio cómico y el punto de contraste que subraya la virtud del héroe. En Hyrule esta función dramática la cumplen los ladrones, vagabundos, monstruos y prófugos que pueblan bosques, ríos, cavernas y escondites varios. La interacción con ellos proporcionará a Link rupias, ítems e información. Ejemplos muy claros son el ladrón arrepentido del desierto que nos ayuda a abrir un cofre para obtener el cuarto frasco y el vagabundo que vive bajo el puente que nos proporciona el tercero.

-*El heraldo*: personaje que comunica información relevante al héroe en momentos cruciales, a menudo malas noticias. Si bien es usual en la saga que nos ocupa que este rol lo cumpla la anciana Impa o alguna hada, en *A Link to the Past* son sus mentores, el sacerdote del templo y la propia princesa Zelda los encargados de comunicar a Link su destino.

---

51    El nombre de Sahasrahla proviene de la voz sánscrita Sahasrara, chacra asociado a la sabiduría.
52    Cabe aclarar que dicha especulación solo se dio en Hispanoamérica y se debió a una traducción deficitaria, arreglada posteriormente, así en la versión del juego relanzado para la Game Boy Advance podemos ya leer la frase con su significado original: «Salva a Zelda, ella es tu destino».

-*La figura cambiante:* un personaje capaz de mutar de arquetipo; puede ser el embustero que pasa a ser el mentor, o el mentor desenmascarado que se transforma en la sombra. En ocasiones no sabemos con claridad si la figura cambiante es buena o mala, si ayuda o no al héroe, si lo quiere o no. La *femme fatale*, mujer ambigua que confunde al protagonista, muy popular en el cine negro, encaja en el arquetipo. En el mundo de Hyrule, encontramos este carácter ambivalente entre los aldeanos del pueblo Kakariko que a veces ayudan y a veces traicionan al héroe del gorro verde. El zorro/niño que toca la ocarina en el bosque o la estatua/murciélago de la caverna secreta que «castiga» a Link aumentando su poder mágico pueden servirnos de ejemplo. En posteriores entregas de la saga una Impa joven o la princesa Zelda han jugado este rol, mientras que en la entrega que nos ocupa, de alguna manera, lo cumplen todos los habitantes del reino, ya que sus figuras cambian en el mundo oscuro. A este respecto cabe señalar que Link, en contraste con el resto de habitantes de Hyrule que se tornan monstruos en el mundo oscuro, se transforma en un conejito rosa, mostrando así la sencillez y la bondad del alma de este héroe sin doblez. Quizás para compensar este exceso, en entregas posteriores de la saga[53], Link se convertirá en lobo.

-*El guardián del umbral:* un personaje antagonista, es decir, que se opone al protagonista, sin llegar a ser el antagonista principal o sombra. Usualmente está al servicio del villano de la historia y suele ser más de uno. Su cometido es impedir el paso al héroe en un umbral (una puerta, un puente, un camino) que conduce a algo anhelado por el protagonista. Los jefes finales, que custodian la última pantalla de cada mazmorra tras la que se ocultan los cristales con las almas de las doncellas, cumplen esta función dramática en el juego. Simultáneamente y en la medida en que el sacerdote (mago en la traducción occidental) Agahnim se diferencia de Ganon, podemos considerarlo también como un guardián del umbral (ya que guarda la entrada al mundo oscuro y está al servicio directo de Ganon, la sombra o antagonista principal). No obstante, el juego no deja clara la relación entre Ganon y

---

53    En The Legend of Zelda: Twilight Princess (2006), por ejemplo.

Agahim, ¿es el sacerdote el propio Ganon encarnado o es un mortal poseído por esta fuerza maligna? El guion es ambiguo en este punto. En todo caso, el rol que juega Agahim durante la mayor parte de la trama es la de antagonista principal o *sombra* y así lo consideraremos aquí.

-*La sombra*: es el antagonista principal o, en el ámbito que nos ocupa, el jefe final de la pantalla final. Es un héroe de una historia pasada, hoy sumido en la oscuridad por culpa del sufrimiento generado en aquella misma historia. Comparte objetivos y diversas características con el héroe, pero en la sombra dominan los defectos que el protagonista ha sabido convertir en virtudes (y de ahí su nombre, la sombra: el reverso oscuro del héroe). Darth Vader o Saruman son ejemplos inequívocos de este personaje. En *A Link to the Past* es Agahim/Ganon quien encarna esta función dramática y, como corresponde a la sombra, comparte historia (fue, en otros tiempos, un héroe de Hyrule al servicio del rey) y objetivos (la Trifuerza y la princesa) con el protagonista. Como curiosidad, cabe recordar que, en la entrega anterior de la saga, *Link's Adventure*, el jefe final del juego es, literalmente, la sombra de Link: Dark Link, enemigo muy recordado por su elevada dificultad.

En *A Link to the Past* no solo reconocemos a los siete personajes arquetípicos del monomito; están presentes también las doce etapas del viaje del héroe que articulan la estructura narrativa de toda aventura en la descripción de Vogler: el mundo ordinario; la llamada a la aventura; el rechazo a la llamada; el encuentro con el mentor; la travesía del primer umbral; las pruebas, los aliados y los enemigos; la aproximación a la cueva más profunda; la odisea (o el calvario); la recompensa; el camino de regreso; la resurrección y el retorno con el elixir:

-*El mundo ordinario*: en un principio se nos presenta al protagonista inmerso en su cotidianidad. Un joven huérfano que ignora su identidad y la de sus padres, duerme plácidamente durante una noche de tormenta en la humilde cabaña campesina a las afueras de Kakariko donde vive con el tío que lo ha criado.
-*La llamada a la aventura*: ocurre algo que altera la

continuidad de lo cotidiano y el héroe es convocado a cumplir una misión. Link es despertado por una voz que se escucha telepáticamente en su cabeza. Es la princesa Zelda pidiendo ayuda desde su secuestro en la mazmorra del palacio de Hyrule. La aventura llama a la puerta.

-*El rechazo a la llamada:* en un primer momento el héroe es tenido en poco, ya sea por los otros, ya sea por él mismo. «No salgas de casa», ordena el tío antes de ir en pos de la princesa.

-*El encuentro con el mentor:* cuando el alumno esté preparado, aparecerá el maestro. Tras la muerte de su tío (su primer mentor) y de salvaguardar a la princesa en el templo, Link es informado por parte de Zelda y del sacerdote (que aquí cumplen la función de heraldos) de la existencia de un descendiente de los siete sabios, Sahasrahla, quien sabrá qué hacer para detener a Agahim.

-*La travesía del primer umbral:* una puerta, marco o frontera que, al cruzarse, representa el *punto de no retorno* para el héroe. En nuestra historia corresponde al portal de la primera mazmorra, el Templo del Este, donde encontraremos el medallón del valor que probará nuestro coraje ante Sahasrahla. Otro umbral destacable que cumple esta función en la estructura narrativa del juego es el que separa el mundo de la luz del de las tinieblas, que atravesaremos en la torre del castillo posteriormente.

-*Las pruebas, los aliados, los enemigos:* son los ingredientes que articularán la aventura y que la conforman mayoritariamente. Innumerables son las pruebas, diversos los aliados y vasto el número de enemigos en *A Link to the Past* (y en cualquier entrega de la saga).

-*La aproximación a la caverna más profunda:* lugar de máxima dificultad donde protagonista y antagonista medirán sus fuerzas. Tras la obtención de los medallones de la virtud, la adquisición de la espada maestra y el rescate de las seis doncellas, Link entra en la mazmorra final: la Roca Tortuga que conduce a la Torre de Ganon, desmesuradamente complicada y extensa; definitivamente la caverna más profunda donde aguarda la sombra, el duelo final y el clímax de la aventura.

*-La odisea (o el calvario):* el héroe en esta etapa tendrá que enfrentarse a la muerte y al sacrificio. Es la etapa del *todo está perdido* en la que se paga el coste del viaje. Vencer tiene un precio, un precio alto, un precio en sangre. Deberán realizarse sacrificios. Seis doncellas ya han sido sacrificadas por el malvado mago, y ahora toca el turno del sacrificio final, el de la princesa Zelda. Link deberá arriesgarlo todo, dar su vida si es preciso, para evitar que el rito se cumpla, el sello se rompa, Agahnim obtenga las Trifuerzas que le faltan y la oscuridad cubra Hyrule para siempre.

*-La recompensa:* el héroe vence a la sombra y reclama el galardón. Agahim es derrotado y tras él, el verdadero artífice del plan, el malvado Ganon. La princesa es rescatada y Link obtiene aquello que la estructura del viaje del héroe conoce como el *elixir*, o el *cáliz*, que en nuestra historia es una reliquia sagrada llamada la Trifuerza, capaz de conceder los deseos de quien la posea.

*-El camino de regreso:* el ciclo heroico se completa con la vuelta a casa del protagonista, desde donde asimilará lo aprendido y lo compartirá en un futuro si aparece un aprendiz digno. Link regresa a Hyrule convertido en el héroe de la leyenda, posee la fuerza, el valor y la sabiduría aprendidos en el viaje y materializados en la reliquia. A vista de pájaro, todos los habitantes de Hyrule saludan al héroe, con los ojos puestos en la pantalla mirando los del jugador, rompiendo la cuarta pared.

*-La resurrección:* la muerte no tiene la última palabra en el ciclo del viaje del héroe y aquellos que han realizado el sacrificio supremo, encuentran vida tras la vida. En nuestra aventura esta etapa se articula mediante el deseo omnipotente de Link al tocar la Trifuerza. Su deseo no ha sido para sí, no ha pedido cambiar su cabaña por el palacio, ni la mano de la princesa ni, mucho menos, conquistar el mundo, emulando a Ganon. Al contrario, ha deseado que

todo vuelva a restaurarse y así ocurre. Las doncellas, el rey y su tío resucitan y vuelven a ocupar su lugar en el reino, la muerte ha sido vencida y la paz recuperada.

-*El retorno con el elixir:* el héroe no vuelve a casa con las manos vacías; obtiene riqueza o sabiduría, o en el mejor de los casos, ambas. Link ha obtenido la Trifuerza, no puede desearse más. Como epílogo, en la última escena antes de los créditos, Link retorna la espada maestra a su pedestal en el bosque, donde se espera que duerma para siempre (aunque sabemos que no será así).

Esta estructura universal, el viaje del héroe o monomito, es reconocible en cualquier entrega de la saga y, el ejercicio de identificar sus personajes arquetípicos y sus etapas, podría realizarse también con cualquier videojuego de aventuras y/o RPG más allá de la saga que nos atañe: tal es la polivalencia de la estructura descrita por Campbell. El mitólogo reconoce esta misma estructura en el Gilgamesh, los poemas de Homero y Hesíodo, los cuatro evangelios, las epopeyas hindús o los mitos incas, entre otros, y aclara que el viaje del héroe no es un molde que se limite a la estructura argumental, es decir, a la forma, sino que compromete también un contenido alegórico. Dicho de otra manera, el viaje del héroe no es solo una estructura, es también un mensaje que opera a diferentes niveles: psicológico, social, cósmico... Siempre a partir de la historia de un héroe que se realiza a sí mismo a partir de un arco de transformación en el que gradualmente descubre su identidad y aprende lo necesario para lograr su cometido. Así, Link descubre durante su aventura que sus padres eran soldados guardianes de Hyrule de rancio abolengo y aprende e interioriza las virtudes del valor, la fuerza y la sabiduría, simbolizadas en los medallones y en la misma Trifuerza.

El camino del héroe recorrido por Link en esta aventura deja en el jugador un recuerdo indeleble y, tras los créditos finales, una nostalgia inmediata por Hyrule, paraje de refugio y crecimiento sin par. Miyamoto y Tezuka supieron adaptar una bella versión del monomito a la consola de 16 bits de Nintendo y, desde entonces, el mensaje eterno que subyace a la mitología universal puede vivirse desde una perspectiva lúdica, adaptada a un arte nuevo. La obra resultante, para muchos (incluyéndonos), es la mejor de su generación y supo trascender el mero entretenimiento inaugurando la primera incontrovertida obra maestra del género, cima que más tarde alcanzarán otros títulos, consolidando a la industria como ámbito generador de arte y cultura.

Al igual que la lectura del diálogo *La república* de Platón o de la novela *Cien años de soledad* de García Márquez, jugar *The Legend of Zelda: A Link to the Past* de *sensei* Miyamoto es una vivencia cultural capaz de justificar una vida. Nadie que haya jugado (y completado) este título, ha vivido en vano.

TÍTULO ORIGINAL: SUPER METROID   DESARROLLADOR: NINTENDO

PAÍS: JAPÓN   GÉNERO: PLATAFORMA DE ACCIÓN-AVENTURA

LANZAMIENTO: 1994 (PARA JAPÓN, AMÉRICA DEL NORTE Y EUROPA)

TEMÁTICA: CIENCIA FICCIÓN   DISEÑADOR JEFE: YOSHIO SAKAMOTO

COMPOSITOR JEFE: KENJI YAMAMOTO

# 12. EL APOGEO DE LAS DOS DIMENSIONES: SUPER METROID Y LAS HEROÍNAS DE VIDEOJUEGO

Tras derrotar a los piratas espaciales que planeaban conquistar el universo usando las criaturas extraterrestres conocidas como *metroids* en la primera entrega de la franquicia (*Metroid*: NES, 1986) y erradicar la amenaza alienígena en su planeta natal durante la secuela (*Metroid II*: Game Boy, 1991), la cazarrecompensas Samus Aran lleva la última larva *metroid* superviviente a un laboratorio espacial para que se investiguen sus posibles propiedades beneficiosas. Los filibusteros siderales, sin embargo, se reagrupan, exterminan a los científicos a cargo de la peligrosa criatura y se la llevan al planeta Zebes, escenario del primer juego. Samus debe, por lo tanto, cazarlos haciendo frente a innumerables alienígenas hostiles para poder recobrar el preciado parásito e impedir así que sea usado para dominar el cosmos.

# NO HAY DOS SIN TRES: LA ESPERADA ENTREGA PARA SUPER NINTENDO ENTERTAINMENT SYSTEM

Sabido es para los adeptos al *retrogaming* que si por algo se caracterizó Super Nintendo como consola (más allá de cuestiones técnicas) es por haber recibido títulos de inmensa calidad para las sagas más populares de la empresa japonesa: Super Mario Bros. (con *Super Mario World,* 1990); Donkey Kong (con *Donkey Kong Country,* 1994*);* The Legend of Zelda (con *A Link to the Past,* 1991); y, por supuesto, Metroid (con *Super Metroid*, 1994), contraparte oscura de las series anteriores. Todos ellos títulos que con frecuencia pueblan no solo las listas de mejores juegos para SNES, sino también las (siempre opinables) de mejor título de tal o cual franquicia.

*Super Metroid* es uno de los casos más paradigmáticos de tal nivel de sofisticación. A saber: graficazos. Colores en 16 bits. Excelsa jugabilidad. Controles milimétricos. Súper arsenal para el personaje. Colección de *power-ups* (mejoras de equipo y habilidades) para Samus que permiten el acceso a áreas escondidas. Mundo abierto, con el acento puesto en la exploración. Jefes gigantescos que ocupan la mitad de la pantalla, etc. La lista es interminable... El juego está plagado de cualidades que le hacen sobresalir entre una pléyade de excelentes títulos de entorno 2D (como el *Megaman X* —Capcom, 1994—, sin ir más lejos) para Super NES.

Lo anterior es así hasta el punto de ser considerada la obra fundacional del subgénero denominado popularmente como *metroidvania*, junto con *Castlevania: Symphony of the Night* (Konami, 1997) para PlayStation de Sony. Ambos clásicos establecen la fórmula a seguir para infinidad de títulos futuros que combinarán acción, plataforma y exploración con elementos de RPG. El género inaugurado por *Super Metroid*, a pesar del paso de los años, aún está verde y vivo en el sector: piénsese en grandes obras contemporáneas del género como *Hollow Knight* (Team Cherry, 2017) o *Savior* (Starsoft Entertainment, 2021).

La música que ambienta *Super Metroid,* compuesta por Kenji Yamamoto, atmosférica y sugerente, subraya la creciente sensación del jugador de encontrarse lejos de la superficie, explorando en completa soledad los niveles cada vez más profundos y claustrofóbicos del horadado planeta Zebes.

Por su parte, las animaciones de los *sprites* son fluidas y convincentes, excelentes en su conjunto y generosamente grandes en sus jefes finales, lo que permite disfrutar visualmente del abundante y elaborado bestiario alienígena que se despliega ante Samus Aran.

La primera vez que se juega a *Super Metroid* suelen necesitarse entre ocho y diez horas para finalizar la aventura. A partir de ese punto, muchos *gamers* lo vuelven a jugar para intentar acabarlo en menos de tres horas y obtener así el «mejor» final (que no es otro que el de mostrar a Samus sin su traje espacial, en ropa interior, tras los créditos finales; huelga todo comentario).

Los primeros cinco minutos del juego, en los que ocurre de todo (tras un resumen de los acontecimientos de las entregas anteriores de la saga, debemos abandonar precipitadamente una base a punto de estallar), son para enmarcar. Toda la mecánica del juego se nos explica en estos primeros instantes sin necesidad de recurrir a textos ni a ayudas extradiegéticas; mostrando, no explicando. Toda una lección de síntesis narrativa y de diseño de videojuego por parte del maestro Sakamoto, que guía de forma sutil al jugador enseñándole lo que tiene que hacer sin obviedades toscas ni elementos externos al propio videojuego. La complejidad de *Super Metroid* se construye gradualmente a partir de la suma de elementos sencillos, y en esto reconocemos la mano del mismo artista que en anteriores creaciones desplegó grandes títulos a partir de una jugabilidad clara y simple: pensemos en *Kid Icarius* (1987) o en *Balloon Fight* (1984), ambos diseñados para Nintendo por nuestro admirado Yoshio Sakamoto.

En el desenlace épico de su misión, nuestra cazarrecompensas se enfrenta por fin al villano detrás de los piratas espaciales: *Motherbrain,* que es... pues eso, un gran alienígena con un cerebro descomunal que nos ataca con bombas, rayos láser y mortíferos círculos de energía. Después de ser auxiliados *in extremis* por la larva *metroid* que Samus había salvado en la segunda entrega de la serie, y de derrotar en buena lid al jefe final, se activa (cómo no) la secuencia de destrucción del planeta, por lo que disponemos de tres minutos para escapar hacia la seguridad de nuestra nave, sorteando frenéticamente obstáculos, enemigos y explosiones a través de largos y oscuros pasillos futuristas con reminiscencias de numerosas películas de ciencia-ficción que acaban con una secuencia similar (como cualquier entrega de la saga de *Alien,* con la criatura diseñada por el genial artista suizo H. R. Giger, por ejemplo).

Lo cierto es que, pasada la euforia final tras el agónico escape, al guardar en su caja el cartucho de *Super Metroid* nos quedamos con la nítida impresión de haber jugado uno de los títulos mejor concebidos y ejecutados en formato 2D de todos los tiempos. Y transcurridos un par de días, terminamos recuperando el cartucho y volviéndolo a meter en la ranura de Super NES.

## METROID Y LA INCURSION DE LA PROTAGONISTA FEMENINA

Aquellos pioneros exploradores que recorrieron el planeta Zebes por primera vez allá por el 1986, con la entrega del primer Metroid, vivenciaron una sorpresa inesperada al contemplar la melena de Samus (y su bikini, si lo hacías muy bien) tras el traje del *sprite* protagonista en los créditos finales. A pesar del bikini (estamos en los ochenta y el cine, principal inspirador por entonces de los videojuegos enseña carne sin mayor justificación), el mensaje que recibía el jugador, mayoritariamente masculino, era que una chica podía hacer las mismas cosas que un chico. Este mensaje, por descontado, también lo recibían las jugadoras. La mayoría de estos programadores, muy probablemente, no eran unos activistas de la igualdad de género. Y sin embargo, la mitad de los infantes (entonces el principal público de la industria) son niñas y en repetidas ocasiones y desde muy temprano, fueron ellas el *target* de una serie de juegos con protagonista femenina.

El primer juego que buscó tener éxito entre las potenciales jugadoras fue *Pac-Man* (Namco, 1980), ofreciendo una experiencia de juego menos agresiva y más «femenina», acorde con la, tan difícil de desarraigar, costumbre de separar juguetes y colores según el género. *Ms. Pac-Man* (Midway, 1981) fue el segundo (y más explícito) reclamo para las videojugadoras. Su *port* para la Atari 2600 está muy bien cuidado, contrastando en gran medida con el de *Pac-Man*, que fue un sonado fiasco y contribuyó a la crisis del sector de manera más significativa que el vilipendiado *E.T. the Extra-Terrestrial* (Atari, 1982).

Si obviamos el círculo amarillo con un moño que representa a la cónyuge de *Pac-Man*, la primera protagonista femenina de un videojuego la encontramos en *Wabbit* (Apollo, 1982), donde una pixelada granjera tiene la misión de espantar a unos conejos que se comen su cosecha de zanahorias tirándoles huevos (decisión *a priori* ruinosa, ya que usualmente un huevo vale más que una zanahoria... ¿por qué no les tira piedras?). La incursión femenina marcada en *Wabbit* es doble, pues es obra de una programadora de nombre Van Tran, una emigrante vietnamita que trabajó en la desaparecida empresa texana *Apollo*, creadora de videojuegos para la Atari 2600 en los ochenta.

Otra experiencia paritaria temprana la encontramos en la misma consola Atari 2600: nos referimos a *Ghost Manor* (1983), un interesante juego que tiene algo de *Metroid* y algo de *Castlevania*, pues la protagonista puede ser femenina si así lo elegimos a principio de partida y el objetivo es acabar con el conde Drácula en su castillo. No obstante, no se trata de un *metroidvania* propiamente dicho, pues sus mecánicas no conocen todavía el género que cocrearán *Super Metroid* y *Symphony of the Night* muchos años después. Aun así, las cinco fases del juego ofrecen una variedad de enemigos y escenarios inusual en la consola. Notable es también el hecho de que, si elegimos jugar con la chica al inicio de la partida, Drácula secuestrará al chico y será ella la encargada del rescate (y viceversa).

La excepcionalidad de la neutralidad de rol de género de *Ghost Manor* es remarcable ya que, si nos fijamos, son multitud los videojuegos clásicos de cualquier género que utilizan el tropo de la *damisela en apuros*, donde un personaje femenino es secuestrado y un héroe masculino va raudo a su rescate: *The Adventure of Lolo, Solstice, Las Tortugas Ninja, The Legend of Zelda, Uninvited, Karateka, Super Mario Bros., Pinball Quest, Popeye, Mighty Final Fight, Ghosts'n Goblins, Dragon Spirit, Bubble Bobble, Prince of Persia, Castle Dragon, Circus Caper, Kung Fu, Double Dragon...* Y podríamos seguir y seguir.

## CINCO PROPUESTAS

Con el tiempo, se fueron colaron protagonistas femeninas en los cartuchos y ya no todo fue Popeye salvando a Olivia, Mario a Peach y Link a Zelda. La 8 bits de Nintendo, sin ir más lejos, empieza a recibir tímidamente un goteo de personajes femeninos protagonizando excelentes títulos.

Asumiendo que Samus Aran coronará cualquier *top 5* de protagonistas femeninas para NES, vamos a fijarnos en otros cuatro títulos que, sin ser tan conocidos como *Metroid*, destacan también por su calidad y por haber roto con la hegemonía del protagonista masculino imperante en el sector.

Comencemos por *The Kirion Conquest* (Vic Tokai, 1990): encontramos aquí una historia bizarra donde se entremezclan androides, hechicería y una distopía futurista que se desarrolla en un lejano 1999. La protagonista es la bruja Doropie (en Japón) o Francesca (en Occidente) encargada de defender la Tierra de los invasores androides procedentes del Imperio Kirion a base de encantamientos y bebedizos. El principal defecto de este título es también su principal virtud: se parece (quizás demasiado) a *Megaman,* surfeando peligrosamente por la delgada línea que separa el homenaje del clon. Sea como sea, nos hallamos ante un videojuego de acción plataformera imperdible.

Seguimos con un RPG de corte clásico firmado por la casa Kemco: es el original *The Ghost Lion* (1989), donde encarnamos a Maria, una niña que busca a sus padres perdidos en la selva tras el ataque a su pueblo de un misterioso león blanco. Una joya oculta de NES muy al estilo de la saga *Dragon Quest* y, sin duda alguna, uno de los mejores RPG de la consola.

Imposible no reparar en *Alien 3* (LJN, 1993), videojuego de acción de plataformas sólido y extenso, que salió tanto para NES como para SNES con diferencias notables entre uno y otro, lógicamente. La protagonista es la mítica teniente Ripley que, armada hasta los dientes, hará frente a legiones de *aliens*. La atmósfera del juego recuerda a la de la película de Ridley Scott, casi tanto como *Metroid* (sabido es por todos que Sakamoto se inspiró en la película del octavo pasajero para el diseño de su saga, por lo que los videojuegos de *Alien* y los de la saga Metroid tienen un aire familiar). En todo caso, *Alien 3* brilla con luz propia y, al ser un título tardío para NES, despliega todo el potencial del que la consola, por entonces crepuscular, era capaz.

Por último, vale la pena fijarnos en *The Guardian Legend* (1988), publicado por *Compile*, empresa especializada en juegos de tipo *shoot em' up*. El título es protagonizado por una soldado intergaláctica, llamada lacónicamente The Guardian, quien es capaz de transformarse en nave espacial y luchar contra los enemigos extraterrestres a través de un mapa extenso y complejo. El título mezcla el género de matamarcianos de *scroll* vertical con el de aventura con elementos RPG tipo Zelda. El maridaje creado por la combinación de estas mecánicas tan dispares es divertido, variado, largo y de alta dificultad. Un videojuego maltratado por la crítica en su momento, pero que con el tiempo ha sabido ocupar el lugar que merece en el corazón y en los *tops* de los *retrogamers*.

Con las siguientes generaciones de consolas llegaron nuevas heroínas y lo excepcional del protagonismo femenino dejó de ser tal. Entre las pioneras que abrieron camino cabe destacar un par especialmente icónicas: Chun Li, personaje basado en las luchadoras de las películas chinas de kung fu de los años setenta que es, junto a Ken y Ryu, una de las mejores opciones para repartir mamporros en *Street Fighter II*; y Lara Croft, de gatillo fácil y exuberante (y poligonal) belleza. Más tarde llegarán Jill Valentine, Annet Futatabi, Aloy, Bayonetta y, por suerte, un inacabable etcétera de protagonistas femeninas al sector.

Tras las recomendaciones anteriores sería tentador llevarnos a engaño y elaborar un relato en que una visión igualitaria revolucionó el sector en la época clásica de los videojuegos, pero lo cierto es que apenas hubo protagonistas femeninas durante las primeras décadas de desarrollo del nuevo arte. También es cierto que, en su humilde porcentaje, tales protagonistas existieron; y que su presencia, en alguna medida, ayudó a romper esquemas en jóvenes cabezas y a abrir trecho en un camino que aún no hemos acabado de recorrer.

TÍTULO ORIGINAL: MOTHER 2: GIYGAS STRIKES BACK

PAÍS: JAPÓN        DESARROLLADOR: APE INC., HAL LABORATORY

LANZAMIENTO: JAPÓN: 1994
              USA: 1995
              EUROPA: 2013
              (WII U, CONSOLA VIRTUAL)

GÉNERO: ROLE PLAYING GAME (RPG)        TEMÁTICA: CIENCIA FICCIÓN

DIRECTOR/ESCRITOR: SHIGESATO ITOI        DISEÑADOR JEFE: AKIHIKO MIURA

COMPOSITOR JEFE: KEIICHI SUZUKI

# 13. MISTERIO Y VIDEOJUEGOS:
## EARTHBOUND, UN RPG SOBRENATURAL

En Onett, un pequeño y tranquilo (léase aburrido) pueblo del que podría ser cualquier estado de Estados Unidos, los dedicados oficinistas, las abnegadas amas de casa y los escolares asiduos de las ligas deportivas infantiles siguen con sus previsibles vidas cotidianas sin sospechar lo que se les viene encima. En una noche fatídica, un meteorito cae en las afueras de uno de sus barrios residenciales, haciendo que Ness (el estereotipo de chico norteamericano de unos 10 años, gorra de béisbol incluida), empiece a investigar el misterio. Poco se imagina nuestro héroe de primaria que una antigua profecía predice que terminará liderando a una pandilla de amigos, a cada cual más excéntrico, destinados a salvar a la humanidad de una inminente invasión extraterrestre.

# EL (BIZARRO) MUNDO DE EARTHBOUND DESDE DENTRO

Como con la mayoría de estrenos para SNES, en su momento no pudimos jugar a *Earthbound*. Lo descubrimos mucho más tarde, a fuerza de leer y escuchar opiniones entusiastas sobre su carácter único e inclasificable en el a menudo encorsetado mundo de los RPG. Pero no fue hasta hace muy poco que decidimos dejar de mirar vídeos de *longplays* del juego y jugarlo. En la misión de salvar el mundo (quién sabe si incluso el universo) nos acompañan una chica con poderes psíquicos, un pequeño científico y un minimaestro de artes marciales.

A primera vista, los gráficos de *Earthbound* recuerdan a los de absolutamente cualquier otro JRPG: personajes con aspecto de dibujos animados, colores vivos, diseños infantilizados y, en general, un tono *kawaii* («tierno», «adorable», en japonés) característico del género. Y si bien esta impresión es, en general, correcta, también es cierto que si miramos atentamente se hace manifiesto un nivel de detalle poco habitual en otros títulos del nicho: los nombres y carteles suelen ser humorísticos o contener juegos de palabras, los objetos ofrecen matices interesantes (en ocasiones reveladores, como los de las aventuras gráficas de *point and click*), los villanos presentan detalles cómicos y los escenarios muestran a la perfección la imagen tópica que desde Japón se tiene de la vida en Occidente, concretamente en Estados Unidos. Por poner un ejemplo del detalle con el que se ha cuidado el apartado gráfico del título, existe un escenario que recrea un salón *arcade* en el que podemos distinguir la máquina de *Donkey Kong* o la de *Space Invaders*.

En lo que se refiere a la música, Keiichi Suzuki hace un gran trabajo a la hora de plantear melodías pegadizas y, al mismo tiempo, humorísticas y significativas de cada entorno: en las tiendas suena una melodía ligera (pero imposible de sacar de la cabeza después de unas cuantas horas de juego) con un banjo, en el desierto suena una especie de cumbia-corrido que insinúa aires de *tex-mex,* en los conciertos de *The Runaway Five* (la banda de *rythm'n'blues* que aparece providencialmente en diversos momentos de la trama, parodia de The Blues Brothers) suenan ritmos típicos de la música negra norteamericana en versión teclado de los años noventa, y así sucesivamente. Las diversas melodías contribuyen a la variedad y ambientación del juego, sin resultar cansinas ni reiterativas.

El mundo a explorar en *Earthbound* es vasto y diverso, con escenarios cambiantes y sumamente detallados. Se ha puesto mucho cuidado en el aspecto de todos los elementos y, en su conjunto, contribuyen a conformar de manera coherente los entornos norteamericanos del imaginario colectivo presentes en el juego. Las hamburgueserías y pizzerías, los centros comerciales y su atmósfera característica (cajeros automáticos incluidos), los emblemáticos autobuses plateados de la compañía *Greyhound,* los mercadillos al aire libre en los parques, los edificios de las grandes corporaciones, todo en su conjunto hace posible uno de los grandes logros del juego: demostrar que es posible localizar un RPG en el mundo «real» y «actual» (actual de los noventa, claro), más allá de un entorno fantástico-medieval de espada y brujería.

Si bien en *Earthbound* están presentes elementos típicos del género como la exploración, realización de misiones, batallas contra jefes finales y acceso a nuevas pantallas, nuevas armas y equipo en general, el juego plantea variantes originales: la magia es reemplazada por poderes psíquicos, el combate requiere estrategia pero puede ser llevado a cabo en modo automático, y las acciones durante el mismo varían desde el ataque simple hasta el poder usar artículos absurdos con resultados impredecibles, espiar los puntos débiles del enemigo o, incluso, rezar durante la contienda. Volveremos sobre este punto.

Los personajes del juego, variados y surreales, hacen también su aporte a la atmósfera bizarra y cómica de esta *rara avis.* Desde niñas con poderes psíquicos descomunales, pasando por escolares con coeficiente intelectual estratosférico capaces de transformar chatarra en letales armas futuristas en sus noches de insomnio, hasta personajes secundarios que ofrecen diálogos verdaderamente delirantes: la camarera de piso que ansía conseguir yogur sabor a trucha para un huésped distinguido, el ladrón de buen corazón que roba ítems para el protagonista, el compañero de clase trepa que va de buen rollo pero se alinea siempre con los villanos para ganar poder, el gurú que no habla con los héroes porque se encuentra meditando (y levitando), el fotógrafo del futuro que visita a los protagonistas en los momentos más inoportunos para inmortalizar el momento, la madre del héroe principal que desconoce lo que hace su hijo y dónde se encuentra (y que corta sus llamadas porque su telenovela está en un momento interesante), la lista es interminable.

Algo similar puede afirmarse de los enemigos a combatir.

Puestos a enumerar solo algunos: parquímetros poseídos, cuadros de arte abstracto, agresivos relojes de Dalí, jipis violentos y ancianas cascarrabias que atacan con sus bolsos a nuestros héroes; la constelación de villanos deviene una verdadera vacuna contra la monotonía al jugar. Abundan íconos del mundo paranormal y de la ciencia ficción tales como ovnis, robots y fantasmas, tal como se dan en el imaginario colectivo norteamericano.

En su conjunto, *Earthbound* no es otra cosa que un RPG humorístico. No el único, pero sí uno de los más originales y con más personalidad en un género que tiende a tomarse demasiado en serio a sí mismo.

Finalmente, debe mencionarse uno de los mayores aciertos del juego: su grado de dificultad, expresado en una curva de aprendizaje que se vive de manera progresiva y natural. Más que dedicar horas y horas de *grinding* para ganar puntos de experiencia, subir de nivel y acumular recursos económicos para adquirir mejor equipo, lo que se persigue con su sistema de juego se asemeja más bien a la dinámica de una aventura gráfica: completar hitos que permiten acceder a nuevas zonas, entrar en contacto con nuevos personajes, y hacer así avanzar la historia (verdadera razón de ser del juego).

Después de un período nada desdeñable de entre 40 y 50 horas de juego, conseguimos plantar al equipo infantil ante el villano jefe: la maligna entidad extraterrestre Giygas, empeñada en la destrucción de todos los mundos sobre los que pueda posar sus tentáculos. Luego de una emotiva escena en que la práctica totalidad de los personajes que nuestros héroes han ido conociendo a lo largo del juego rezan por la protección y la victoria de los protagonistas, Giygas es derrotado y la paz vuelve al universo conocido, por lo que Ness, Paula, Jeff y Poo vuelven cada uno a sus respectivos hogares para volver a ser niños y niñas «normales». Cuánto gastarán en psicoterapia a lo largo de sus vidas para superar su síndrome por estrés postraumático es algo que el juego no menciona...

## EARTHBOUND Y EL VALOR DE LA DIFERENCIA: UN RPG PARA QUIENES RENIEGAN DE LOS RPG

*Earthbound* es la segunda entrega (y única en llegar a Occidente mediante canales oficiales) de la trilogía japonesa Mother, cuyos títulos gozan en su país de origen de una fama y popularidad similar a la de sagas de JRPG tan lustradas como Final Fantasy o

Dragon Quest. Como se nos recuerda en la monumental compilación *1001 Video Games You Must Play Before You Die* (Hachette, 2010), *Earthbound* es uno de esos típicos juegos que acaban siendo mucho más citados y elogiados en las grandes listas de títulos, que de hecho jugados. Una de esas gemas medio ocultas de las que muchos *gamers* han oído hablar, pero que en realidad más bien pocos han jugado.

Quien se zambulle en la experiencia, en todo caso, es recompensado con uno de los títulos más originales y divertidos que el sobrepoblado mundo de los RPG de los noventa tiene que ofrecer. Su autor propone un producto diferente, único, que pone el acento en los personajes y, sobre todo, en la historia, evitando así el tedio de ciertos RPG con sus inflexibles rutinas cíclicas de luchar, ganar oro y puntos de experiencia, obtener equipo nuevo en la aldea y volver al bosque a luchar. Su carácter bizarro y su humor descabellado, surreal, acaban atrayendo al jugador curioso mucho más que ciertos títulos *mainstream* con temas trillados y estéticas manidas.

Parte de lo anterior se debe a su origen, al haber sido concebido por una persona, en inicio, ajena al mundo de los videojuegos y la programación. Se ha escrito ya sobre la historia de Shigesato Itoi, a saber: publicista y artista polifacético aficionado a los videojuegos (muy fan de *Dragon Quest*, por ejemplo), que adora las historias que cuentan pero aborrece las dinámicas repetitivas o tediosas de muchos de ellos, lo cual le hace abandonar a la mitad títulos tan emblemáticos como, por ejemplo, *The Legend of Zelda* (¿en serio, Shigesato-san?). En lo que podría ser un verdadero cuento de hadas versión *gamer* ochentero: a raíz de una intervención televisiva en que expresa su amor por Famicom/NES, Itoi es invitado a las oficinas de Nintendo para ser consultado sobre algunos títulos en desarrollo. Ni corto ni perezoso, nuestro publicista se abalanza sobre Shigeru Miyamoto (lo más parecido a Dios en la industria de los videojuegos) para presentarle un argumento con el que ha estado jugueteando en sus ratos libres. Contra todo pronóstico, supera el escepticismo inicial de la compañía y recibe la luz verde (y todo un equipo de programadores) para desarrollar su proyecto original. El resto es historia: *Mother,* la primera entrega de la saga, sale a la luz en Japón en 1989.

Ahora bien, ¿cómo se suple la falta de experiencia y conocimientos técnicos para conseguir publicar toda una trilogía, y nada menos que con Nintendo? Aquí está el quid de la cuestión. Según autores especializados como J. J. Rodríguez: «Usaría el humor, crearía una trama interesante y construiría diálogos que atrapasen la atención de los jugadores».[54] Ya hemos hablado de la importancia y atractivo de las buenas historias, pero la verdad es que todos los *retrogamers* que ya peinamos canas sabemos que, durante no pocos años, la trama de los videojuegos en general fue un factor bastante secundario. De aquí el gran impacto de una historia que engancha afectivamente al jugador, sobre todo si además le plantea un tema diferente al de la fantasía épico-medieval.

Haciendo de abogado del diablo, se podría argumentar que la trama del juego no es, en realidad, tan original. No deja de ser un retorno a la temática del grupo de «jóvenes amigos con habilidades complementarias que acometen juntos una aventura que supera del todo sus posibilidades», que hemos en visto ya en juegos como *Maniac Mansion* (Lucasfilm Games, 1987) o películas clásicas como *Stand by Me* (Rob Reiner, 1986) o *Los Goonies* (Richard Donner, 1985), por citar unas pocas. En el caso que nos ocupa, salpicada además de ingredientes paranormales y de ciencia ficción. Sea como fuere, el tema ejerce una atracción irresistible aún hoy en día y sigue encontrándose en diversos productos audiovisuales de consumo masivo. Vamos a ver: ¿pandilla de amigos preadolescentes con poderes psíquicos? Sí. ¿Nerds con grandes conocimientos tecnológicos? Presente. ¿Amenazas de fuera de este mundo que se ciernen sobre el universo tal como lo conocemos? También. ¿A alguien le suena de algo una tal *Stranger Things* (Matt y Ross Duffer, 2016)?

Teniendo en cuenta todo lo anterior, no es descabellado proponer que *Earthbound* encabece el top 3 de videojuegos RPG para recomendar a aquellos amigos, *gamers* empedernidos o no, que habitualmente se desaniman ante la complejidad y barroquismo de las reglas de tantos y tantos juegos de rol.

Y es que, después de haberlo disfrutado en primera persona, se entiende perfectamente la sentencia del periodista especializado en videojuegos Christian Donlan: «Los títulos como *Earthbound* siempre existirán en algún rincón del paisaje de los videojuegos donde es siempre medianoche en los *suburbs* (los típicos barrios residenciales norteamericanos), donde los extraterrestres acechan en la oscuridad y la aventura espera en cada esquina».[55]

---

54    Rodríguez, J. J. (2019). Sueños en 8 bits. La historia de la Famicom/NES. Dolmen, p. 170.

55    Donlan, C. (2010). Earthbound. En 1001 Videogames you Must Play Before You Die, Mott, T. (ed). Hachette, p. 254.

## EARTHBOUND Y LA REALIDAD DAEMONICA: UNA ICONOGRAFIA DEL MISTERIO

Si Castlevania en su primera entrega nos ofrecía con sus jefes finales una panorámica de monstruos que nos permitían profundizar en la naturaleza de nuestros principales miedos, *Earthbound* en su segunda entrega hace lo propio con los fenómenos paranormales; ovnis, monstruos de lagos, fantasmas, extraterrestres, experiencias extracorpóreas, poderes psíquicos, viajes en el tiempo: la práctica totalidad del imaginario relacionado con lo paranormal en Occidente se da cita a modo de parodia en el guion desbocadamente divertido y sugerente de Shigesato Itoi.

Fuera del mundo de los videojuegos y de la ficción, en el terreno académico, la investigación paranormal es un campo minado donde abunda la falta de rigor y la candidez en el mejor de los casos, y la charlatanería y la mala fe en el peor. Aun así, existen estudiosos de diferentes ramas del saber que se han acercado al misterio con rigor y honestidad. Uno de sus mayores exponentes es el filósofo Patrick Harpur, con su obra más importante al respecto: *Realidad daemónica.*[56]

Harpur parte de la perplejidad de comprobar que, a lo largo y ancho del planeta, y como una constante durante toda la historia de la humanidad, una multitud de testigos afirman haber visto cosas imposibles tales como luces en el cielo, seres mágicos en los bosques, monstruos en los mares, visitantes de otros mundos en las alcobas, y un sinfín de entidades y fenómenos que no cuadran con la experiencia que tenemos de la realidad. Tras una exhaustiva recopilación de testimonios históricos y actuales, el filósofo concluye que estos fenómenos son reales pero su naturaleza no corresponde exactamente con aquello que el testigo afirma haber visto, es decir, el fenómeno es real pero no es literalmente aquello percibido.

Según el filósofo, la humanidad siempre se ha topado con fenómenos extraños que van más allá de la lógica de lo explicable a través de la razón. Dentro de la gran heterogeneidad de estos fenómenos, que abarcan desde los encuentros con hadas o duendes a las apariciones marianas o las experiencias cercanas a la muerte, hay una serie de constantes que permiten referirse a ellas bajo el

---

56    Harpur, P. (2007). Realidad daimónica. Atalanta.

genérico de *manifestaciones daimónicas*. La categoría daimónica proviene de la palabra griega *daimon,* que significa «divinidad menor». Recordemos que el mismo Sócrates afirmaba tener un *daimon* que lo acompañaba siempre y le advertía de peligros.

Las características comunes de las manifestaciones daimónicas son: la ambigüedad, la dificultad para validar la objetividad de la experiencia *a posteriori*, cierta similitud con los contenidos oníricos y un darse en cierto tipo de lugares y en determinados momentos concretos. Y si bien estas manifestaciones recuerdan a los sueños, el testigo está despierto al experimentarlas. De igual manera, se parecen a las alucinaciones, pero las realidades daimónicas están ahí, ontológicamente presentes en su particular modo de darse. Estos fenómenos presentan elementos absurdos e inquietantes que mueven a la risa, al miedo o a la perplejidad. Fenómenos en esencia escurridizos que no se dejan encasillar en los parámetros de separación y medida, experimentación y reproductividad que exige el método científico. Por esto es imposible comprobar su existencia bajo criterios cientificistas, lo que de ninguna manera les niega realidad ontológica.

En la manera de experimentar la realidad daemónica mediará el sistema de creencias que articule la vida del testigo. Los antiguos percibían bajo multitud de formas las manifestaciones de este tipo identificándolas con dioses y diosas, seres feéricos, monstruos y toda clase de entidades sobrenaturales protectoras u hostiles. Durante la Edad Media, el cristianismo despaganizó a los *daimones* que se manifestaban en pluralidad y los insertó en su credo encorsetándolos en dos categorías: las entidades celestes — es decir, ángeles, cristos y vírgenes— y las demoníacas (de *daimon* otra vez), para Satanás y sus huestes. La Edad Moderna científico-racionalista, por su parte, desterró por completo de su imaginario todo aquello que no se pudiera contar, medir o pesar. Sin embargo, las manifestaciones daemónicas, por su propia naturaleza volátil, no son asibles por la ciencia y aunque en teoría no deberían existir (según las varas de medir del ser humano contemporáneo), esta realidad es terca y se empecina en manifestarse.

Harpur afirma que, a día de hoy, esta clase de fenómenos adopta la forma que le es propia bajo la cosmovisión tecnológica y científica contemporánea. Debido a esto, la bruja que surcaba el cielo en África o las vírgenes que antaño se aparecían a pastorcillos, son hoy percibidas como ovnis y alienígenas, naves confeccionadas por una tecnología superior desarrolladas por científicos de otros mundos. Multitud de vivencias ayer mágicas, se observan hoy como fenómenos psíquicos que la neurología algún día sabrá explicar. Bajo la perspectiva actual, un monstruo en un lago será percibido como una criatura todavía no descubierta ni clasificada por la zoología. Filtrados por nuestro imaginario, los fenómenos paranormales son vividos en nuestro siglo como hierofanías propias del credo científico-tecnológico. Y si la explicación científica no cuadra con el objeto percibido, la atención se desplazará hacia el sujeto que percibe y el nombre de alguna psicopatología zanjará la cuestión. Dicho esto, recordemos que según Harpur aquella entidad percibida en el cielo por el testigo de lo paranormal es real, pero no literal; ni es una nave intergaláctica ni es la madre de Dios, es una realidad daemónica.

Y si bien desde un laboratorio no podremos entender su naturaleza, psicólogos, teólogos y filósofos han ofrecido propuestas que, respetando al testigo, no ignoran esta tozuda parcela de la realidad y la integran en sus sistemas. Así, Platón y los neoplatónicos ofrecen la bella teoría de que el mundo posee un alma inteligente, el *anima mundi,* y que podemos participar de ella trascendiendo el limitado mundo que perciben los sentidos. En esta cosmovisión, las realidades daemónicas son manifestaciones individualizadas de aquella alma universal. Sin remontarnos tan lejos, encontramos otros marcos conceptuales en los que se le permite a esta realidad manifestarse, como el propuesto por Carl Gustav Jung. Como ya se dijo en capítulos anteriores, el psicoanalista suizo postula la existencia de un inconsciente colectivo del que participamos todos los humanos y que contiene una serie de arquetipos que pueden hacerse presentes en la psique de una manera que coincide con las características que encuentra Harpur en las manifestaciones daemónicas. Al respecto son interesantes sus libros, *Arquetipos e inconsciente colectivo*[57] y su singular estudio ufológico *Sobre cosas que se ven en los cielos.*[58]

Sin llegar a concluir la naturaleza última de estos fenómenos, Harpur nos advierte que sean lo que sean, los *daimones* siguen ahí fuera y aún se manifiestan para asustarnos, para salvarnos, a veces para confundirnos y siempre para recordarnos que la existencia tiene un misterio; que existe otro lado irreductible a las exigencias de la razón; que a menudo a la realidad se le abren grietas; y que

57  Jung, C. G. (1982). Arquetipos e inconsciente colectivo. Paidós.
58  Jung, C. G. (2018). Sobre cosas que se ven en los cielos. Trotta.

no lo sabemos todo.

Cabe señalar, finalmente, que los seres que Shigesato Itoi despliega en su barroco desfile de arquetipos cumplen, como mínimo, con dos de las características de la manifestación daimónica: son divertidas en su absurdo e inquietantes en su profundidad.

## EARTHBOUND Y LO INEFABLE

A la hora de abordar temáticas relacionadas con la espiritualidad, el mundo de los videojuegos nunca ha sido especialmente prolijo. En contraste, *Earthbound* ofrece diversos pasajes de inusual profundidad, de los que destacaremos tres imprescindibles: la meditación de Poo, el viaje al subconsciente de Ness y la batalla final del equipo contra Giygas.

Hacia la mitad de la aventura, incorporamos al último integrante de nuestro equipo, el príncipe Poo, pero antes deberemos superar una inusual prueba meditativa. Encaramamos el *sprite* de Poo a una montaña en la oriental región de Dalaam y nos sentamos en silencio en su cima. Tras esperar unos minutos sin tocar ningún botón del mando por orden del juego, aparecerá el espíritu ancestral llamado Mu. Este divino mentor nos propondrá sacarnos los ojos, los oídos, el cuerpo y finalmente la mente, a fin de continuar el camino. Aceptamos su propuesta, que nos es dada en un diálogo de singular belleza. Al perder los oídos el sonido deja de escucharse, hemos quedado sordos. Al perder los ojos la pantalla queda en negro, solo vemos el recuadro con los textos. Al perder la mente llega la oscuridad total. La nada. El silencio de los sentidos y del entendimiento, en el negro de la pantalla. Tras esta experiencia trascendente el juego se reanuda. Poo recupera sus sentidos, ahora agudizados; su cuerpo, fortalecido; y su mente, haciendo gala de capacidades psíquicas latentes recién liberadas. El príncipe contacta con Ness telepáticamente y, después de revelársele la profecía de la que forma parte, se une al equipo que lo espera en una lejana América del Norte para proseguir con la aventura.

El diálogo de Poo y Mu guarda un claro paralelismo con los primeros capítulos de las *Meditaciones metafísicas*[59] del filósofo racionalista francés René Descartes. Al igual que Mu, Descartes propone el ejercicio de prescindir del conocimiento de los sentidos

---

59   Descartes, R. (1981). Meditaciones metafísicas. Orbis.

por ser estos engañosos. De igual manera, propone dudar de lo más evidente para la mente, pues podría estar siendo engañada por un genio maligno. El filósofo, en su discurrir, observa que aun suponiéndose sin sentido y sin cuerpo, puede dudar. Al dudar, piensa y si piensa, existe. De aquí la famosa frase: *cogito ergo sum* («pienso, luego existo»). En contraste con la meditación del filósofo, que acaba descubriendo al sujeto del conocimiento y afirmando el yo, la meditación propuesta a Poo exige dar un paso más y abandonar también el discurrir de la mente, la individualidad y el ego, para trascender al silencio total. Encontramos en esta pantalla del RPG los ecos de las tradiciones meditativas de Oriente, ligadas a espiritualidades como la hinduista o la budista, que defienden maneras de trascender alternativas a la eternidad del yo.

Aquietar la mente es un rasgo común a toda mística. La espiritualidad de Occidente no ha sido ajena a esta vivencia y a su dificultad. Sor Juana Inés de la Cruz, persiguiendo el sosiego, le reprochaba a la mente ser «la loca de la casa». Reflejando la misma idea entre los gurús orientales, es típico describir el barullo mental como «un árbol repleto de monos chillando». Y ciertamente acallar el discurso interior es más difícil que pasarse el *Ghosts'n Goblins* sin perder una vida, pues como hijos de nuestro tiempo que somos desconocemos el arte de la quietud, de estar en silencio y simplemente existir. Y aunque somos muchos los que hemos encontrado en los videojuegos nuestro espacio de silencio mental, siempre hay una acción que hacer con los dedos, una orden de la pantalla que cumplir, algún contenido en que ocupar, en mayor o en menor medida, la mente. Ningún videojuego nos exige total quietud, ninguno excepto *Earthbound*, que en más de una ocasión nos pide no tocar los mandos durante un tiempo, sumergiéndonos en momentos de silencio sonoro y visual, manteniéndonos respirando pausadamente y sonriendo, esperando a que vuelvan los colores a la pantalla.

## EARTHBOUND Y EL INCONSCIENTE: SURREALISMO, MEMORIA Y MUÑECOS DE NIEVE

Durante el siglo xix y el primer tercio del xx, filósofos y psicólogos demostraron que, al inconsciente, aquella parte de nuestra psique que ignoramos y que nos conforma en buena medida, se podía acceder por medio de los sueños. El arte se hizo eco de este descubrimiento con movimientos de vanguardia como el surrealista, con el artista Salvador Dalí y el cineasta Luis Buñuel como representantes principales. Sin ser un caso aislado en la historia de los videojuegos, el sueño de Ness en *Earthbound* es uno de los episodios en que el surrealismo ha podido expresarse con mayor potencial artístico.

Avanzada la aventura, tras ingerir alucinógenos en una pizza, Ness cae en un trance donde tiene acceso a su inconsciente, una región oscura plagada de elementos oníricos y recuerdos por la que Ness pasea desnudo (en la versión occidental está vestido; sin comentarios). En esta tierra extraña, nuestro protagonista encuentra todo tipo de juguetes rotos y elementos que conformaron su infancia. Un muñeco de nieve le dice: «Nos divertimos un día. Ya me derretí, pero sigo siendo real en tu memoria». Sencillo haiku donde el tiempo, la transitoriedad y la nostalgia se hacen presentes en el ánimo de Ness y de quien lo controla al otro lado de la pantalla.

Ness se pasea por las cosas que no ha olvidado, por las que permanecen en la memoria. Contrario a lo que muchos creen, el olvido y la memoria no son conceptos antagonistas, sino que el olvido es la condición de posibilidad de la memoria. O por lo menos es lo que defiende el filósofo Tzvetan Todorov en su libro: *Los abusos de la memoria*[60]. El autor nos hace notar que, para poder recordar alguna cosa, tenemos que olvidar muchas otras: la mayoría, todas las que no recordaremos. La memoria humana es selectiva, y este es el rasgo que diferencia la memoria del que tiene los mandos en la mano de la memoria del Cerebro de la Bestia o de cualquier consola u ordenador. La memoria artificial sí es capaz de «recordar» todo lo que pueda caber almacenado en su RAM. En contraste, nosotros, limitados humanos, no. Si almacenásemos todo en la memoria y tuviésemos acceso a esa información a voluntad, nos pasaría como a aquel personaje del cuento de Borges, «Funes el memorioso»[61], que tras un accidente con un caballo quedó tetrapléjico, pero con la capacidad de recordar todo lo que había vivido sin el filtro del olvido. Para rememorar un día, Funes necesitaba veinticuatro horas, ya que se acordaba de todo. Esta capacidad era paralizante y le impedía entenderse con sus iguales.

En la memoria solo queda lo que, por algún motivo, consciente o inconscientemente, no hemos permitido que el olvido borre. Por

60   Todorov, T. (2013). Los abusos de la memoria. Paidós.
61   Borges, J. L. (1944). Ficciones. SUR.

eso Ness recuerda el muñeco de nieve y nosotros recordamos a un perro riéndose de nosotros tras errar un disparo a un pato o a un pequeño héroe vestido de verde levantando un triángulo dorado. Hemos visto millones de imágenes, pero algunas permanecen frescas y vivas en la memoria porque no permitimos que el olvido las toque. Tenemos nuestros motivos.

En un momento dado de la fase, Ness se encuentra con su yo del pasado: un niño aún menor que le pide jugar con él a Famicom/ NES. Ness le responde que no puede, que está ocupado... Ness ha comenzado a crecer. El cartucho, no solo en este pasaje sino constantemente, nos despierta cierta nostalgia de la infancia perdida. Al jugar esta joya oculta de SNES, el asombro, la risa y el miedo tienen algo del color de aquel tiempo en que vivimos rodeados de gigantes que no acabábamos de entender del todo y en que nos asombrábamos, reíamos y temíamos con mayor frecuencia e intensidad.

Pero no solo encuentra recuerdos en su inconsciente el bueno de Ness, también hay enemigos, fuerzas antagónicas que lo habitan. Con la complicidad de un águila antropomórfica, símbolo universal del coraje, Ness se enfrenta a la estatua de un ídolo oscuro. El cuadro surreal que dibujan los píxeles en el lienzo de la pantalla de tubo, nos ilustra la idea clave de la alquimia renacentista y del psicoanálisis moderno: reprimimos en el interior fuerzas que nos conforman pero que no aprobamos. Es nuestra misión reconocerlas, aceptarlas, luchar con ellas y abrazarlas.

## EARTHBOUND Y LA FE

La pelea final contra el jefe Giygas acontece en el pasado, a donde nuestro equipo viaja tras abandonar sus cuerpos e integrar sus almas a las estructuras de unos robots que les hacen de recipientes. Una vez situados frente al jefe final, este no adopta ninguna figura concreta. Itoi consideró que un enemigo abstracto podía llegar a ser más terrorífico, porque cada jugador proyectaría en él la forma de sus propios miedos. Acertó. La secuencia es digna de enmarcar en un museo de arte contemporáneo.

Ante el jefe final ningún arma ni ningún poder psíquico funcionan, excepto el poder más sutil de Paula: la oración. Paula empieza a rezar y a llamar psíquicamente a todos los personajes con los que nos hemos cruzado, aliados y enemigos, para que recen por el éxito del equipo infantil frente al malvado extraterrestre. Cuando ya todos los personajes del juego han rezado, Giygas se encuentra debilitado por todas esas bendiciones enviadas desde la distancia, pero no del todo y aún ataca. Parece que no hay nadie más con la capacidad de oración y que todo está perdido. De pronto, Paula te llama por tu nombre y apellido, a ti, al jugador y rompiendo la cuarta pared te pide que reces por ellos también. Pocos videojuegos conocemos, por no decir ninguno, que tengan la capacidad de poner al jugador de rodillas...

Y si bien no es la primera vez que el juego rompe la cuarta pared, entre el momento en que el juego te pidió tu nombre propio al inicio de la partida a cuando Paula te llama por tu nombre y apellido, han transcurrido entre 40 y 50 horas. Los ilusionistas llaman a este lapso temporal *paréntesis de olvido*, y el mago de Itoi conoce perfectamente la mecánica del ardid. El efecto mágico al experimentarlo por vez primera es milagroso; tanto, que si no lo habéis jugado sentimos de todo corazón el *spoiler*. Intentad olvidar este dato, guardadlo en el fondo del inconsciente.

## ARTE VERSUS ARTIFICIO: CUANDO LAS MUSAS DESCIENDEN A LAS CONSOLAS

Tras ganar la batalla final con el inusual método de la oración, cada niño vuelve a su hogar. Ness vuelve con su madre, quien da nombre al título en su versión japonesa y si bien no ha jugado un papel protagonista siempre ha estado ahí para recargar nuestra energía cocinando nuestro plato preferido, al igual que nuestro padre cuando guardó nuestras partidas y nos envió dinero, o nuestra hermana, que nos custodió y envió ítems cuando los necesitamos. Cada quien cumplió con su papel para que el destino de la Tierra quedara a salvo, incluso los personajes antagonistas.

En medio de una panorámica de íconos de la cultura del misterio, la historia y la dinámica del juego nos presenta una compleja obra de ciencia ficción, no exenta de sabiduría ancestral, donde el surrealismo, el terror y la comedia se combinan en sugestivas sensaciones que nos retrotraen a la infancia. Esta capacidad evocativa del título vindica la capacidad artística del videojuego, específicamente la del género RPG. La artesanía en los mejores casos, y el artificio en los peores, poblaron este género durante una época con títulos y temáticas que se parecían demasiado las unas a las otras, con mucho ruido y pocas nueces. Por suerte el arte, donde quiera que se dé, se acaba imponiendo. Como ocurre con *Earthbound*, obra maestra del género.

Acabamos el juego contemplando las fotos que aquel inoportuno fotógrafo nos hizo (interrumpiendo la aventura constantemente), mientras aparecen junto a los créditos. El nombre final es el nuestro. Esta aventura ha sido posible porque hemos jugado. El videojuego es el arte que mayor implicación exige para darse. Este extraordinario RPG lo sabe y nos lo agradece, incluyéndonos en los créditos junto a Shigesato Itoi y Shigeru Miyamoto.

# A MODO DE DESPEDIDA

Las prestaciones técnicas de las nuevas generaciones de consolas, la deriva en las mecánicas y los gráficos de los videojuegos tipo *shooter* y de conducción (por entonces en boga), junto al éxito de nuevas propuestas que operaban bajo las mecánicas 3D, son claves para explicar un cambio de paradigma vivido en el sector cuyas consecuencias llegan hasta nuestros días. Ante las nuevas posibilidades técnicas, la industria de los videojuegos de finales de los noventa entendió como una obligación (y no como una opción) el añadir a todos los nuevos lanzamientos una tercera dimensión y la transición no siempre fue afortunada. Así, tras las modélicas *Super Metroid* (Nintendo, 1994) o *Castlevania: Symphony of the Night* (Konami, 1997), conocimos entregas de estas sagas que no eran *metroidvanias*. Al igual que títulos de franquicias como Megaman, Ninja Gaiden o Street Fighter con una jugabilidad irreconocible.

También es cierto que otras sagas supieron adaptarse al nuevo paradigma sin perder su esencia; *Final Fantasy VII* (Squaresoft, 1997), *Super Mario 64* (Nintendo, 1996) y sobre todo *The Legend of Zelda: Ocarina of Time* (Nintendo, 1998) son buenos ejemplos. Este último videojuego, considerado por muchos aficionados a las listas como el mejor de la historia, nos sirvió de hito en la introducción para enmarcar, junto a *Pong* (Atari, 1972), el inicio y el final de una época dorada en que los videojuegos se articularon mayoritariamente en dos dimensiones.

Y si bien *Ocarina of Time* es un clásico se mire por donde se mire, al igual que *Tomb Raider* (Core Design, 1996), que *Resident Evil* (Capcom, 1996) y que tantos otros de sus contemporáneos, también es evidente que estos grandes títulos marcan el final de un ciclo. Pertenecen claramente a una generación diferente de aquella primigenia, cuyas temáticas, gráficos, sonido y mecánicas de juego nos cautivaron en su día y aún hoy continúan maravillándonos y dándonos mucho para jugar y reflexionar.

Nos hemos querido centrar en aquella época tan especial (sin desmerecer nada de lo que vino después) y en consecuencia nuestro trayecto lúdico centrado en los orígenes y primeras generaciones que poblaron el sector, tras mucho jugar, leer y escribir, termina aquí.

Esperamos haber guiado de manera amena al lector a lo largo de su recorrido por los títulos jugados y diseccionados con rigor y cariño. Hasta otra ocasión y ¡buena partida!

# REFERENCIAS DOCUMENTALES

Aberastury, A. (1979). *Teoría y técnica del psicoanálisis de niños*. Paidós.

Amis, M. (2015). *La invasión de los marcianitos*. Malpaso.

Anónimo. (1994). *Enuma Elish*. Trotta.

Aristóteles. (2009). *Poética*. Gredos.

Asociación Americana de Psiquiatría (APA). (2014). *DSM-V, Manual diagnóstico y estadístico de los trastornos mentales*. American Psychiatric Publishing.

Bettelheim, B. (1975). *Psicoanálisis de los cuentos de hadas*. Crítica.

*BIBLIA NVI*. (2012). Barcelona.

Borges, J. L. (1944). *Ficciones*. SUR.

Brian, N. E. (20 de agosto de 2016). Miyamoto talks Zelda, a classic interview. Nintendo Everything. https://nintendoeverything.com/miyamoto-talks-zelda-a-link-to-the-past-in-classic-interview-name-cut-ideas-open-ended-zelda-interest/

Campbell, C. (2014). *The Art of Atari: A Celebration of Game Packaging's Golden Age*. Polygon. https://www.polygon.com/2014/3/26/5482198/the-art-of-atari-a-celebration-of-game-packagings-golden-age

Campbell, J. (2008). *El héroe de las mil caras*. FCE.

Carroll, N. (2005). *Filosofía del terror*. La Balsa de la Medusa.

Crockford, D. (1 de abril de 1993). The Untold Story of Maniac Mansion. *Wired*. https://www.wired.com/1993/04/nintendo-2/

Dahlen, C. (2010). *Missile Command*. En *1001 Videogames you must play before you die,* Mott, T. (ed). Hachette.

Dahlen, C. (2010). *Phoenix*. En *1001 Videogames you must play before you die,* Mott, T. (ed). Hachette.

Descartes, R. (1981). *Meditaciones metafísicas*. Orbis.

Donlan, C. (2010). *Adventure*. En *1001 Videogames you must play before you die,* Mott, T. (ed). Hachette.

Donlan, C. (2010). *Earthbound*. En *1001 Videogames you must *play before you die*, Mott, T. (ed). Hachette.

Donlan, C. (2010). *Maniac Mansion*. En *1001 Videogames you must play before you die*, Mott, T. (ed). Hachette.

Donlan, C. (2010). *Super Metroid*. En *1001 Videogames you must play before you die*, Mott, T. (ed). Hachette.

Donlan, C. (2010). *The Legend of Zelda: A Link to the Past*. En *1001 Videogames you must play before you die*, Mott, T. (ed). Hachette.

Doolan, L. (5 de mayo de 2019). Forgotten interview with Miyamoto sheds light on a classic Zelda production. *Nintendo Life*. https://www.nintendolife.com/news/2019/05/forgotten_interview_with_miyamoto_sheds_light_on_a_classic_zelda_production

Eisner, L. H. (1996). *La pantalla demoniaca*. Catedra.

Equipo Retrogamer (marzo de 2015). Usar ratón con juego; la guía definitiva de aventuras gráficas. *Revista Retrogamer (España)*, 11.

Esquilo. (2000). *Prometeo encadenado*. Gredos.

Freud, S. (1905). *El chiste y su relación con lo inconsciente*. En *Obras completas*. RBA.

Freud, S. (1907). *El poeta y los sueños diurnos*. En *Obras completas*. RBA.

Freud, S. (1909). *Análisis de un caso de neurosis obsesiva*. En *Obras completas*. RBA.

Freud, S. (1913). *Sueños con temas de cuentos infantiles*. En *Obras completas*. RBA.

Freud, S. (1920). *Más allá del principio de placer*. En *Obras completas*. RBA.

Freud, S. (1927). *El humor*. En *Obras completas*. RBA.

Freud, S. (1929). *El malestar en la cultura*. En *Obras completas*. RBA.

Fromm, E. (1994). El miedo a la libertad. Paidós.

García, A. (2017). Super Metroid. En Super Mes Mini, VV.AA. Anaitgames.

Garvey, C. (1985). El juego infantil. Morata.

Gorges, F., y Mora, M. (2019). La historia de Nintendo, volumen 3. Héroes de Papel.

Graves, R. (2005). Los mitos griegos (1955). RBA.

Haley, G. (Ed.). (2015). Ciencia ficción. Planeta.

Harpur, P. (2007). Realidad daimónica. Atalanta.

Harris, D. (2010). Alone in the Dark. En 1001 Videogames you must play before you die, Mott, T. (ed). Hachette.

Henin, A., & Kendall, P. (1997). Obsessive-Compulsive Disorder in Childhood and Adolescence. En Advances in Clinical Child Psychology, Vol. 19. Plenum Press.

Huizinga, J. (1938). Homo ludens. Emecé.

Jonas, H. (1979). El principio de responsabilidad. Herder.

Jones, D. (2021). La inquietante historia del horror. Alianza Editorial.

Jung, C. G. (1982). Arquetipos e inconsciente colectivo. Paidós.

Jung, C. G. (1994). Los complejos y el inconsciente. Altaya.

Jung, C. G. (2018). Sobre cosas que se ven en los cielos. Trotta.

Kalata, K. (10 de mayo de 2011). The Guide to Classic Graphic Adventures. Hardcore Gaming 101. http://www.hardcoregaming101.net/books/hg101-presents-the-guide-to-classic-graphic-adventures/

Kant, E. (1785). Fundamentación de la metafísica de las costumbres. Alianza Editorial.

Klein, M. (1932). El psicoanálisis de niños. Paidós.

Lapetino, T. (2016). Art of Atari. Dynamite Entertainment.

Leatherdale, C. (2019). Historia de Drácula. Arpa.

Lovecraft, H. P. (2014). *The Complete Fiction of H. P. Lovecraft*. Point Race Publishing.

Llopis, R. (2001). *Los mitos de Cthulhu,* en H. P. Lovecraft y otros, *Los Mitos de Cthulhu; Narraciones de horror cósmico,* Alianza Editorial.

Marina, J. A. (2009). *Anatomía del miedo: un tratado sobre la valentía*. Anagrama.

Martel, J. F. (2017). *Vindicación del arte en la era del artificio*. Atalanta.

Medrano, A. (1999). *La lucha con el dragón*. Yatay.

Memba, J. (2004). *El cine de terror de la Universal*. T&B.

Mott, T. (Ed.). (2010). *1001 Videogames You Must Play Before You Die*. Hachette.

Navarro, J. (2017). *El videojugador. A propósito de la máquina recreativa*. Anagrama.

Navarro, P. (2016). *La saviesa dels mites*. Illescat.

Nintendo of America Inc. (1995). *Earthbound: Nintendo's Player's Guide*.

Ospina, W. (2015). *El año del verano que nunca llegó*. Random House.

Parkin, S. (2016). *Muerte por videojuego*. Turner.

Piaget, J. (1947). *Psicología de la inteligencia*. Psique.

Polidori, J. W. (2019). *El vampiro*. Alianza Editorial.

Provo, F. (27 de agosto de 2007). Super Metroid Review. *Gamespot*. http://www.gamespot.com/wii/action/supermetroid/review.html

Retrogamer Team (16 de mayo de 2010). Castlevania II Review. *Retrogamer*. https://www.retrogamer.net/retro_games90/castlevania-ii-simons-quest%E2%80%8B/

Retrogamer Team (17 de noviembre de 2009). Phoenix Review. *Retrogamer*. *https://www.retrogamer.net/retro_games80/phoenix/*

*Retrogamer Team (20 de marzo de 2009). Missile Command Review. Retrogamer. https://www.retrogamer.net/retro_games80/missile-command/*

Retrogamer Team (26 de agosto de 2008). Earthbound Review. *Retrogamer*. https://www.retrogamer.net/retro_games90/earthbound/

Retrogamer Team (28 de octubre de 2008). Alone in the Dark Review. *Retrogamer*. https://www.retrogamer.net/retro_games90/alone-in-the-dark/

Rodríguez, J. J. (2018). *Inventando Hyrule*. Dolmen.

Rodríguez, J. J. (2019). *Sueños en 8 bits. La historia de la Famicom/NES*. Dolmen.

Rojas, F. (8 de abril de 2016). Maniac Mansion Restrospective. *Gaming History 101*. https://gaminghistory101.com/2016/04/08/maniac-mansion-retrospective/

Rubens, A. (15 de agosto de 2013). The creation of Missile Command and the haunting of its creator, Dave Theurer. *Polygon*. https://www.polygon.com/features/2013/8/15/4528228/missile-command-dave-theurer

Sarason, I., & Sarason, B. (1996). *Psicología anormal: el problema de la conducta inadaptada*. Prentice-Hall.

Schaefer, C. y O'Connor, K. (1988). *Manual de terapia de juego*. Manual Moderno.

Shafer, H. y Cirocco, F. (1982). *The Qotile Ultimatum*, Atari Inc. https://www.atariage.com/comics/comic_thumbs.php?MagazineID=48

Sheridan Le Fanu. (2018). *Carmilla*. Plutón Ediciones.

Sin autor (12 de junio de 2003). Yars' Revenge overview. *Moby Games*. https://www.mobygames.com/game/atari-2600/yars-revenge

*Sin autor (14 de junio 2002). Super Metroid Review. Moby Games. https://www.mobygames.com/game/super-metroid*

Sin autor (1982). Manual del juego Phoenix. *Atari Age*. https://atariage.com/manual_thumbs.php?SoftwareID=1202

Sin autor (1982). Manual del juego Yars' Revenge. *Atari Age.* https://atariage.com/manual_thumbs.php?SoftwareID=1452

Sin autor (2008). King's Quest I: Quest for the Crown. *The Sierra Chest.* http://www.sierrachest.com/index.php?a=games&id=1&title=kings-quest-1

Sin autor (2010). Yars' Revenge review. *8-bit Central.* http://www.8-bitcentral.com/reviews/2600yarsRevenge.html

Sin autor (2022). Alone in the Dark Wiki. *Fandom.* https://aloneinthedark.fandom.com/wiki/Alone_in_the_Dark_(1992)

Sin autor (2022). EarthBound Nintendo Wiki. *Fandom.* https://nintendo.fandom.com/es/wiki/EarthBound

Sin autor (2023). Adventure. *Gamefaqs.* https://gamefaqs.gamespot.com/boards/584543-adventure

Sin autor (2023). Super Metroid Game. *Nintendo.* https://www.nintendo.es/Juegos/Super-Nintendo/Super-Metroid-279613.html

Sin autor (5 de abril de 2017). Pac-Man, Electronic Games Magazine and the exact moment Atari lost the videogame war. *8 Bit Rocket.* http://www.8bitrocket.com/2017/04/05/pac-man-electronic-games-magazine-and-the-exact-moment-atari-lost-the-video-game-war/

Sin autor (8 de agosto de 2023). The Legend of Zelda: A Link to the Past Wiki.

Sin autor. (2022). Castlevania 2: Simon's Quest Review. *The Castlevania Dungeon.* http://www.castlevaniadungeon.net/games/cv2.html

Stoker, B. (2022). *Drácula.* RBA.

Todorov, T. (2013). *Los abusos de la memoria.* Paidós.

Vogler, C. (2002). *El viaje del escritor.* Robinbook.

VV.AA. (2018). *100 máquinas recreativas que hicieron historia.* Edaf.

Weber, M. (2012). *La ética protestante y el espíritu del capitalismo.* Alianza Editorial.

Winnicott, D. (1971). *Realidad y juego.* Paidós.

Winnicott, D. (1975). *El proceso de maduración en el niño.* Laia.

Wollstonecraft Shelley, M. (2011). *Frankenstein o el moderno Prometeo.* Alianza.

*Zelda Dungeon.* https://www.zeldadungeon.net/wiki/The_Legend_of_Zelda:_A_Link_to_the_Past